ACCESO GRATIS *a la Lectura en la Nube*

Para visualizar el libro electrónico en la nube de lectura envíe junto a su nombre y apellidos una fotografía del código de barras situado en la contraportada del libro y otra del ticket de compra a la dirección:

ebooktirant@tirant.com

En un máximo de 72 horas laborables le enviaremos el código de acceso con sus instrucciones.

¿CÓMO VOTA EL ELECTORADO MURCIANO?

Informe postelectoral de las Elecciones Autonómicas de 2023 en la Región de Murcia

Procedimiento de selección de originales, ver página web:

www.tirant.net/index.php/editorial/procedimiento-de-seleccion-de-originales

¿CÓMO VOTA EL ELECTORADO MURCIANO?

Informe postelectoral de las Elecciones Autonómicas de 2023 en la Región de Murcia

ISMAEL CRESPO MARTÍNEZ
JUAN JOSÉ GARCÍA ESCRIBANO
Editores

tirant lo blanch
Valencia, 2024

Directores de la colección:

Alberto Mora Rodríguez
Inmaculada Melero López

EDITA: TIRANT LO BLANCH
C/ Artes Gráficas, 14 - 46010 - Valencia
TELFS.: 96/361 00 48 - 50
FAX: 96/369 41 51
Email: tlb@tirant.com
www.tirant.com
Librería virtual: www.tirant.es
DEPÓSITO LEGAL: V-2225-2024
ISBN: 978-84-1056-508-1
MAQUETA: Tink Factoría de Color

Si tiene alguna queja o sugerencia, envíenos un mail a: *atencioncliente@tirant.com*. En caso de no ser atendida su sugerencia, por favor, lea en *www.tirant.net/ index.php/empresa/politicas-de-empresa* nuestro procedimiento de quejas.

Responsabilidad Social Corporativa: http://www.tirant.net/Docs/RSCTirant.pdf

Autores

Kaoutar Bakdid Albane
Esther Clavero Mira
Ismael Crespo Martínez
Juan José García Escribano
María Belén García-Palma
Salvador Manzanera-Román
Claudia Mayordomo Zapata
Inmaculada Melero López
Ana Millán Jiménez
Alberto Mora Rodríguez
Ángel J. Olaz Capitán
Pilar Ortiz García
María Isabel López Palazón
María Quiles Bailén
José Miguel Rojo Martínez
María Isabel Sánchez-Mora Molina
Alejandro Soler Contreras

Índice

Capítulo 4
ELECCIONES AUTONÓMICAS EN LA REGIÓN DE MURCIA 2023: SEGUIMIENTO E IMPACTO DEL DEBATE ELECTORAL

Ana Millán Jiménez
María Belén García-Palma

Capítulo 5
¿SOCIALIZARON DURANTE EL PERIODO ELECTORAL LOS Y LAS CIUDADANAS DE LA REGIÓN DE MURCIA?

Claudia Mayordomo Zapata

Capítulo 6
VIRALIZACIÓN DE MENSAJES Y CONTENIDOS DE CAMPAÑA DURANTE LAS ELECCIONES AUTONÓMICAS EN LA REGIÓN DE MURCIA DE 2023

Claudia Mayordomo Zapata

Capítulo 7

VALORACIÓN DE LA CAMPAÑA ELECTORAL

Ángel J. Olaz Capitán
Esther Clavero Mira

Capítulo 8

IMPACTO DE LAS ENCUESTAS ELECTORALES EN LAS ELECCIONES AUTONÓMICAS DE LA REGIÓN DE MURCIA 2023

María Isabel Sánchez-Mora Molina
María Belén García-Palma

Capítulo 9

DUDAS Y ABSTENCIÓN DEL ELECTORADO DE IZQUIERDAS FRENTE A LA SOLIDEZ DEL VOTO DE DERECHAS

Kaoutar Bakdid Albane
Salvador Manzanera-Román

Capítulo 10
EL COMPORTAMIENTO ELECTORAL, ENTRE LA RAZÓN Y LA EMOCIÓN

KAOUTAR BAKDID ALBANE
JUAN JOSÉ GARCÍA ESCRIBANO

Capítulo 11
LAS EMOCIONES DESPERTADAS POR LOS DISCURSOS DE LOS CANDIDATOS

ISMAEL CRESPO MARTÍNEZ
JOSÉ MIGUEL ROJO-MARTÍNEZ

Capítulo 12
EFECTOS DE LA CAMPAÑA EN LA ORIENTACIÓN DEL VOTO

ISMAEL CRESPO MARTÍNEZ
ALBERTO MORA RODRÍGUEZ

Introducción

ISMAEL CRESPO MARTÍNEZ
JUAN JOSÉ GARCÍA ESCRIBANO

Después de las Elecciones Autonómicas de 2019, el Grupo de Investigación CEMOP de la Universidad de Murcia publicó, en esta misma editorial, el libro *¿Cómo vota el electorado murciano? Informe postelectoral de las elecciones autonómicas de 2019 en la Región de Murcia.* Cuando han pasado cuatro años y se han celebrado unos nuevos comicios autonómicos, se vuelve a publicar un estudio similar con la pretensión de que se pueda comprobar si se han producido cambios sustanciales en el comportamiento electoral autonómico en la Región de Murcia.

Este libro se sustenta en un estudio electoral, con estructura panel, sobre las Elecciones Autonómicas celebradas, de forma simultánea con una Elecciones Locales, en la Región de Murcia el pasado día 28 de mayo de 2023. La primera ola del panel (estudio preelectoral) se realizó a través de una encuesta con cuestionario estructurado aplicado a 1.200 personas entre el 8 y el 17 de mayo de 2023, y la segunda ola (estudio postelectoral), que incluía 711 casos, se implementó entre el 29 de mayo y el 6 de junio de 2023. La estructura de panel, consistente en interrogar a las mismas personas en dos momentos diferentes en el tiempo, posibilita una información inestimable para analizar los posibles cambios acaecidos durante la campaña y poder delimitar sus efectos sobre el comportamiento del electorado.

La presente obra se estructura en doce capítulos, en los que, con un enfoque predominantemente divulgativo y práctico, aunque sin postergar en ningún caso la solvencia teórica y la robustez metodológica propia del análisis científico, se ha perseguido elucidar algunos de los interrogantes acerca del comportamiento del electorado murciano en los comicios autonómicos de 2023.

En el primer capítulo, Esther Clavero y Pilar Ortiz analizan los principales aspectos que han marcado el contexto electoral autonómico. De esta forma, se examinan los cambios en el escenario político nacional e internacional, con una XIV Legislatura de la democracia española que se convierte en la primera en la que se forma un gobierno de coalición desde la Segunda República Española, que, con frecuentes desencuentros entre las dos fuerzas políticas que lo componen (PSOE y Podemos), tiene que enfrentar una crisis planetaria como la pandemia y las consecuencias de la invasión de Ucrania por Rusia el 24 de febrero de 2022 y la consiguiente guerra, todavía vigente, que está teniendo efectos en las economías de los países europeos y del resto del mundo. También se examina el contexto a nivel autonómico, protagonizado asimismo por un gobierno de coalición conformado, tras el triunfo del PSOE en 2019, por el segundo partido (PP) y el tercero (Ciudadanos) en votos. Una coalición que se rompe en marzo de 2021 cuando los diputados y las diputadas del PSOE y Ciudadanos firman una moción de censura para desalojar al PP del Gobierno Regional, moción que fracasa cuando tres de los seis firmantes de la formación naranja se desdicen y votan en contra, siendo expulsados de su partido, pero asumiendo, como tránsfugas, nuevos cargos en el Gobierno del Popular López Miras, que se mantiene como jefe del ejecutivo regional.

El segundo capítulo, elaborado por José Miguel Rojo y Alejandro Soler, comienza analizando los eslóganes y los *spots* electorales utilizados por los diferentes partidos durante la campaña electoral, para después realizar un estudio de los eventos que estructuraron la campaña a través del examen de las noticias (de carácter político) que llevaron a la portada de su edición impresa los dos principales periódicos regionales: *La Verdad* y *La Opinión*, y llegar a la conclusión de que la campaña estuvo muy marcada por eventos nacionales.

Inmaculada Melero, María Quiles y Maribel Palazón, en el capítulo tercero, analizan el seguimiento de los medios de comunicación y las redes sociales realizado por la ciudadanía de la Región de Murcia para informarse sobre contenidos políticos durante la campaña electoral, así como sobre las temáticas que en mayor medida llamaron la atención del electorado murciano: agua, trasvase Tajo-Segura y Mar Menor, en el plano regional, y la inclusión de condenados por terrorismo en las candidaturas de EH Bildu, en el ámbito nacional.

El cuarto capítulo, elaborado por Ana Millán y María Belén García Palma, se construye sobre el análisis del inconcluso debate de las elecciones a la Asamblea Regional, organizado por el Colegio Oficial de Periodistas de la Región de Murcia y emitido por la 7 TV el 19 de mayo. Se trató del único debate electoral en el que participaban los candidatos a la Presidencia de la Región de Murcia, que hubo de ser cancelado durante su desarrollo ante la imposibilidad de dar cumplimiento al mandato de la Junta Electoral Central, que obligaba a que la candidata de Podemos cediera su puesto, a mitad del tercer bloque temático, a la candidata de Más Región.

En el capítulo quinto, elaborado por Claudia Mayordomo, se examina el comportamiento del electorado murciano en relación con su nivel de socialización política. En primer lugar, se constata en qué medida se ha tenido como tema de conversación la campaña electoral y, a continuación, se analiza la frecuencia con la que se hablaba de la campaña, comprobando que las elecciones no formaron parte del diálogo diario de casi la mitad de las personas entrevistadas.

Seguidamente, Claudia Mayordomo, en el capítulo sexto, aborda el estudio de la viralización de contenidos políticos en la conversación digital durante la campaña electoral, constatando que en el electorado murciano existe un núcleo pequeño, pero activo, que envió mensajes de contenido político en el marco de la campaña electoral, compuesto principalmente por votantes de Vox y de Unidas Podemos.

En el capítulo séptimo, Ángel J. Olaz y Esther Clavero afrontan la tarea de estudiar cómo percibe el electorado murciano (antipatía/rechazo Vs. simpatía/adhesión) las campañas electorales de los diferentes partidos políticos y por qué determinadas variables (sexo, edad, nivel formativo, tamaño del hábitat y comarca geográfica) han ejercido una función moderadora en su valoración.

A continuación, María Isabel Sánchez-Mora y María Belén García-Palma analizan el grado de conocimiento que tiene la ciudadanía sobre la existencia de encuestas durante la campaña electoral, la confianza en sus resultados y el impacto de dichos resultados en la decisión de voto, concluyendo un grado de conocimiento bastante bajo y, por tanto, poco impacto de las encuestas en el electorado murciano.

En el capítulo noveno Kaoutar Bakdid Albane y Salvador Manzanera examinan la participación y la abstención electoral en las elecciones a la Asamblea de la Región de Murcia de 2023 y el estudio de la solidez del voto emitido en dichos comicios, así como de la intención de voto del electorado abstencionista si pudiera volver a votar, una vez conocidos los resultados electorales. Se concluye que la abstención perjudicó el resultado electoral de los partidos de izquierda y, especialmente, del PSOE, lo que llevó a que una parte del electorado abstencionista situado ideológicamente en la izquierda mostrara cierto arrepentimiento con su decisión de no ir a votar.

El décimo capítulo, elaborado por Kaoutar Bakdid Albane y Juan José García Escribano, se centra en el análisis de las emociones, como un componente importante en la política y, en particular, en la decisión de voto. Se constata que la campaña de las Elecciones Autonómicas de 2023 en la Región de Murcia ha estado mediada por respuestas emocionales por parte del electorado, que han jugado un importante papel en la movilización o desmovilización de este.

En el penúltimo capítulo, Ismael Crespo y José Miguel Rojo analizan las principales emociones que despertaron en el electorado los discursos de los candidatos a la presidencia de la Región de Murcia de los partidos más importantes, considerando una gama de emociones tales como el miedo, el enfado, la tranquilidad, el entusiasmo y el orgullo, y concluyendo, entre otras cosas, que los liderazgos de los partidos situados en los extremos logran fuertes emociones positivas entre sus bases, pero generan miedo o enfado en el resto, es decir, provocan procesos de polarización afectiva.

Finalmente, el libro concluye con un último capítulo, elaborado por Ismael Crespo y Alberto Mora, dedicado a los efectos de la campaña electoral en la orientación de voto. Se analizan los cambios que se producen entre la intención de voto reconocida (observada en el sondeo preelectoral) y el comportamiento manifestado (recuerdo de voto observado en el sondeo postelectoral) y se estima la magnitud y la dirección en la que se producen estos cambios. Por otro lado, se identifican las variables más influyentes en la decisión del voto a las distintas fuerzas políticas y se analiza la relación entre el voto y la campaña electoral.

Para terminar, los componentes del Grupo de Investigación CEMOP de la Universidad de Murcia desean dejar constancia de su reconocimiento a la Asamblea Regional de Murcia y al conjunto de diputadas y diputados que la forman, y a la Universidad de Murcia, como institución de la que forman parte, por la confianza y apoyo proporcionados para la consolidación de los estudios de opinión pública regional, de los que el presente libro es sencillamente una muestra.

Capítulo 1

El contexto en las Elecciones Autonómicas de 2023

ESTHER CLAVERO MIRA
PILAR ORTIZ GARCÍA

1. CAMBIOS EN EL ESCENARIO POLÍTICO NACIONAL. LOS ANTECEDENTES

En menos de un lustro han debido celebrarse cuatro elecciones generales en España. Las Cortes Generales muestran debilidades. Inequívocamente, ha quedado en evidencia el funcionamiento o el uso que se hace de una institución diseñada como el centro del sistema político español y las dificultades para armar mayorías. Pero como señala Gómez (2021) la "desparlamentarización" no solo afecta a la salud de nuestro sistema político o nuestro Estado de derecho, sino también a la potestad presupuestaria.

El contexto internacional a lo largo de los últimos años ha estado marcado por acontecimientos como el desplome financiero de 2008, la anterior agresión rusa a Ucrania en 2014, el Brexit y la victoria de Donald Trump en 2016 (Steinberg y Tamames, 2022). A este inicio de siglo, se sumaba la crisis sanitaria de la Covid-19, la política exterior marcada por la Guerra de Ucrania, y sus efectos sobre los países de la Unión, o la redefinición de las nuevas prioridades en las políticas europeas y nacionales.

Al malestar generado por estas circunstancias se añadían cuestiones inesperadas que irrumpían en la agenda pública, como el cambio de criterio del presidente Pedro Sánchez respecto al Sahara. Al mismo tiempo, tensiones internas afloran desde dentro de los partidos políticos, fundamentalmente en el PP que terminaba con la sustitución de Pablo Casado, el 2 de abril de 2022, por Alberto Núñez Feijóo. Por otro lado, las propias crisis de Unidas Podemos, institucionales y orgánicas, hacen que el partido minoritario de la coalición llegue a las elecciones autonómicas y municipales de mayo del 2023 dividido y sin fuerza para reunir en torno a sí al bloque situado a la izquierda del PSOE.

En el año 2016 empieza a desdibujarse el clásico y acostumbrado bipartidismo del sistema político español, donde PP y PSOE conseguían en todos los comicios altos porcentajes de voto, incluso alcanzando mayorías absolutas. Como indica Ortiz (2019), no es hasta 2015 cuando el modelo multipartidos comienza a instalarse en el escenario político institucional, y Podemos y Ciudadanos "rompen con este sistema y, aunque sigue existiendo una cierta controversia sobre si estamos ante el fin del bipartidismo o no, técnicamente hay que inclinarse hacia una respuesta afirmativa si se tiene en cuenta que la suma del porcentaje de votos obtenido por los dos principales partidos —PSOE y PP— se queda en el 50,7% de los votos válidos" (p.15-16).

A la prolongada crisis económica iniciada en 2008 se suman los sucesivos casos de corrupción política ("Trama Gürtel"; escándalo de los ERES en Andalucía o la "Operación Púnica"). De este modo, objetables conductas inmorales, y la falta de soluciones políticas a los problemas reales de la gente, hacen que los partidos políticos tradicionales caigan en una crisis existencial, asistan a rebeliones internas y a una creciente pérdida de confianza de la ciudadanía hacia ellos. Se genera el caldo de cultivo perfecto para el nacimiento de otros partidos, los de "la nueva política", y nuevos líderes populares.

España no parecía encontrar una senda clara de recuperación para la crisis económica, y de las Cortes Generales no acertaba a emerger una deseable estabilidad institucional. En 2018 prospera, por primera vez, una Moción de Censura contra un Presidente de Gobierno desde el nacimiento del régimen constitucional de 1978, para posteriormente celebrar de nuevo elecciones por dos veces consecutivas: abril de 2019, y noviembre de 2019, tras la imposibilidad de formar gobierno. Este tramo convulso en la vida política española, de poca normalidad y tranquilidad democrática, con crecientes niveles de polarización afectiva acentuados por la agitada situación electoral, es el marco perfecto para el nacimiento de corrientes populistas que entran con fuerza en escena (Olaz y Ortiz, 2021, p. 52).

A lo largo de la última legislatura, la *desconfianza* en los principales líderes políticos también ha ido modificándose. Se observa un mayor crecimiento en el líder del PSOE que en los líderes de la derecha, sobre todo tras la profunda crisis sufrida por el PP que deja como líder de los populares a Alberto Núñez Feijóo (gráfico 1 y gráfico 2).

Gráfico 1. Evolución de la confianza en Pedro Sánchez desde 2019

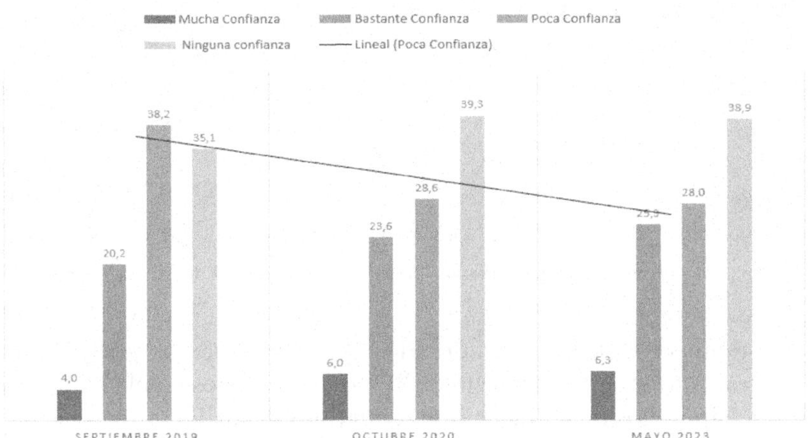

Fuente: Elaboración propia a partir de los Barómetros del CIS.

Gráfico 2. Evolución de la confianza en los principales líderes políticos del PP (Pablo Casado-septiembre'19 y octubre'20 y Alberto Núñez Feijóo-mayo'23) desde 2019

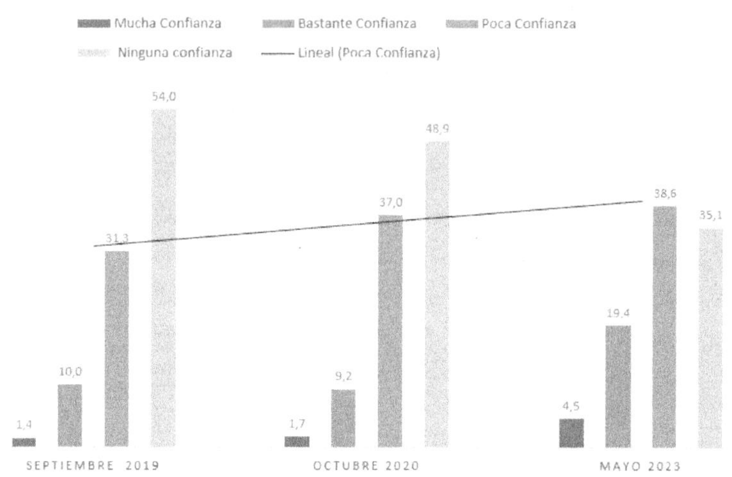

Fuente: Elaboración propia a partir de los Barómetros del CIS.

Podemos y Ciudadanos, liderados por Pablo Iglesias y Albert Rivera respectivamente, alcanzan el 30% de los escaños en el Congreso de los Diputados en las elecciones generales de 2016 convirtiéndose en 2019, con el 28,3% de los votos, en partidos decisivos para la gobernabilidad de España, y para la conformación de Gobiernos de coalición. En este año, se suceden dos elecciones generales, los días 28 de abril y 10 de noviembre. En las segundas, Ciudadanos acaba desmoronándose (pasa de 57 a 10 escaños). La contrapartida es representada por Vox, nuevo partido de derecha radical, liderado por Santiago Abascal, que entraba en escena con 24 escaños en abril, y que pasa a contar con una importante representación institucional (52 diputados) arrebatando a Podemos la condición de tercera fuerza en el hemiciclo.

De esta forma, la XIV Legislatura de la democracia española se convierte en la primera en la que se forma un gobierno de coalición desde la Segunda República Española. La representación en el parlamento queda tal y como indica el gráfico 3.

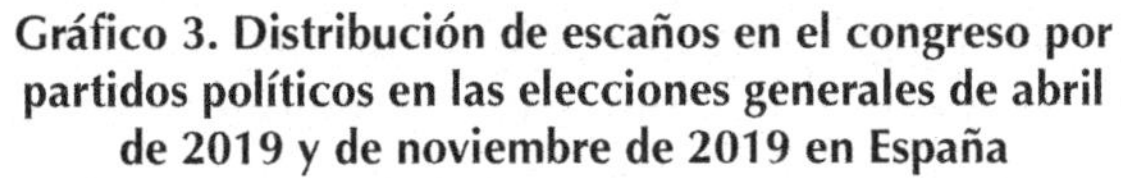

Gráfico 3. Distribución de escaños en el congreso por partidos políticos en las elecciones generales de abril de 2019 y de noviembre de 2019 en España

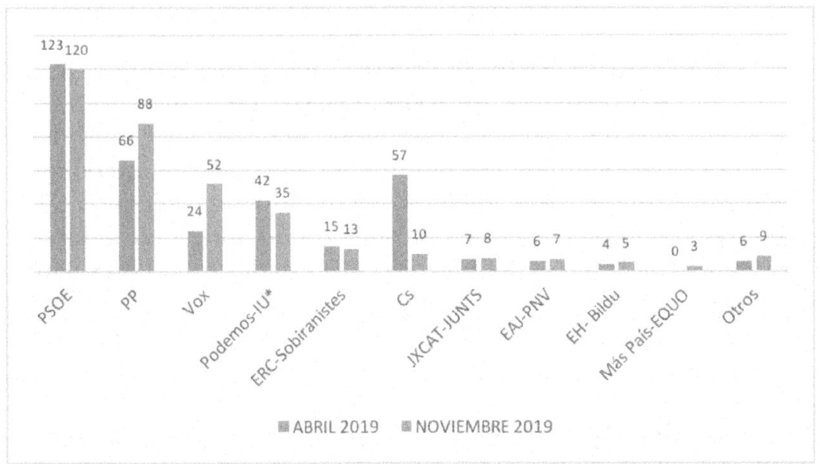

Fuente: Elaboración propia a partir de datos del Ministerio de Interior

El 7 de enero de 2020 Pedro Sánchez fue investido presidente del Gobierno con 120 escaños. El nuevo gobierno tenía que enfrentar una crisis planetaria como fue la pandemia y las consecuencias de la invasión de Ucrania por Rusia el 24 de febrero de 2022. Este conflicto también tiene efectos sobre la coalición de gobierno. PSOE y Unidas Podemos disienten públicamente sobre la posición que el ejecutivo ha de adoptar ante esta guerra. A este disenso, se sumará más tarde el generado por el cambio de criterio del presidente Pedro Sánchez ante la histórica posición del PSOE sobre la solución del conflicto del Sahara Occidental.

La aprobación en agosto de 2022 de la polémica Ley Orgánica de Garantía Integral de la Libertad Sexual, dio pie a nuevas tensiones internas en el ejecutivo. Para terminar este atribulado año, el 15 de diciembre la Cámara Baja aprueba la reforma para derogar el Delito de Sedición, modificar el de Malversación y cambiar las mayorías para renovar el Tribunal Constitucional. Cuestiones todas que marcarán unas elecciones autonómicas y municipales en el año 2023 y centrarán el debate de estos comicios, dejando al margen los contenidos sobre la gestión en los municipios y en las regiones.

2. EL ESCENARIO POLÍTICO EN LA REGIÓN DE MURCIA. TIEMPOS CONVULSOS

Las elecciones autonómicas de 2019 dejaron un escenario político regional que rompía las tendencias que se venían sucediendo en los anteriores comicios. El PP había acometido un obligado cambio de líder a mitad de la XII legislatura. El 4 de abril de 2017 el presidente de la Comunidad Autónoma de la Región de Murcia, Pedro Antonio Sánchez, dimitía tras iniciase la investigación por la conocida *Operación Púnica*, y se designaba al joven López Miras que llegaba errante a los comicios autonómicos, seguido de un nuevo partido a su derecha, VOX y por Más Región, liderado por un "herido" expresidente del PP, Alberto Garre. Al nuevo escenario político se unía un PSOE, liderado por Diego Conesa, ofreciendo una alternativa de gobierno posible, y cuyos apoyos desde Ferraz eran innegables.

El escenario institucional tras las elecciones del 2019 otorgaba por primera vez en muchos años el primer puesto al PSRM con 17 escaños. Era seguido por el PP con 16, Ciudadanos con 6 y VOX que hacía acto de presencia por primera vez en la Asamblea Regional con 4 escaños, doblando el número de diputados de Podemos, que logró los 2 escaños de representación. Como indica Ortiz (2019) "el cambio en los líderes de los principales partidos en la Región propició una renovación de los equipos y un giro en los perfiles de los futuros parlamentarios regionales" (p.20) (Ver gráfico 4).

Gráfico 4. Distribución de escaños en la Asamblea Regional de Murcia por partidos políticos en las elecciones autonómicas de 2015, 2019 y 2023 en la Región de Murcia

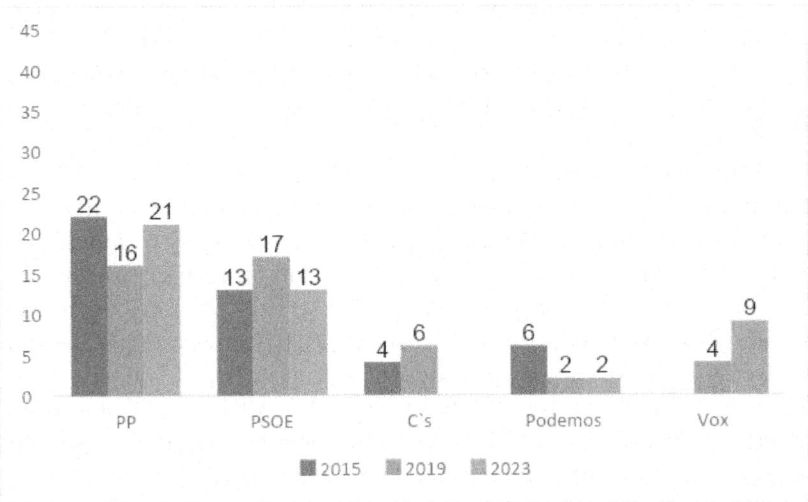

Fuente: Elaboración propia a partir de datos del Ministerio de Interior

Ante esta composición, en un parlamento ausente de mayorías absolutas, conformar gobierno pasaba por negociar y adoptar acuerdos de gobernabilidad que, en esta ocasión, pasarían por formar un gobierno de coalición con Ciudadanos (C's). El partido naranja se convertía en el partido bisagra del parlamento regional. Así, tras semanas de negociación, la formación liderada por Isabel Franco decidió apoyar al partido que durante 24 años había ostentado el gobierno regional con mayorías absolutas, el PP, convirtiéndose ella misma en la vicepresidenta del gobierno de coalición. De esta forma, el PP de López Miras ganaba una legislatura para mejorar su rendimiento electoral.

El 28 de septiembre de 2020 Ana Martínez Vidal, se convertía en la portavoz del Gobierno regional y consejera de Empresa de la Comunidad. A su vez es elegida como la nueva coordinadora autonómica de C's en la Región. En esos meses también se asistió a la expulsión de tres de los cuatro diputados de VOX, Juan José Liarte, Francisco José Carrera, y la diputada Mabel Campuzano, quedando un único representante en la Asamblea Regional de esta formación, Pascual Salvador.

El PSRM asumió su papel de oposición hasta que, el 10 de marzo de 2021, sorprendía, junto a la líder de Ciudadanos, Ana Martínez Vidal, registrando una moción de censura en la Asamblea Regional de Murcia, haciendo alusión al caso *Vacunagate,* y con la firma de 23 diputados de ambas formaciones que sumaban la mayoría absoluta suficiente para que prosperara. En esta moción era la líder de C's la candidata propuesta a la Presidencia del gobierno, pese a que era el PSOE quien ostentaba la mayoría de los diputados, 17 frente a los 6 de C's. Pero pronto, las sumas se convirtieron en restas, y la mayoría necesaria para que prosperara la moción se vio desvanecida; tres de los seis firmantes de la formación naranja (Isabel Franco, Francisco Álvarez y Valle Miguélez) decidieron retirar su firma del acuerdo y votar en contra junto al PP, el diputado de Vox y los tres diputados no adscritos. De esta forma a los tres diputados no adscritos, se suman otros tres nuevos expulsados inmediatamente de C's.

El 18 de marzo de 2021 la moción de censura es rechazada por 23 votos en contra y una abstención (el presidente de la Asamblea Regional, Alberto Castillo de C's). Pronto se formaría nuevo gobierno, con el que se llega al final de esta polémica legislatura. Tres diputados expulsados de C's, convertidos en tránsfugas, junto a uno de los expulsados de Vox, asumieron nuevos cargos en el ejecutivo popular (tabla 1).

Tabla 1. Moción de censura. Región de Murcia

	PSOE	PP	C's	VOX	PODEMOS	NO ADSCRITOS (expulsados VOX)	TOTAL
ABSTENCIÓN	0	0	1	0	0	0	1
EN CONTRA	0	16	3	1	0	3	23
A FAVOR	17	0	2	0	2	0	21

El rendimiento electoral, tal y como lo define Alonso (2008), "es el porcentaje medio de votos ganados o perdidos entre elecciones por el partido gobernante durante su periodo de tiempo en el poder. El valor positivo indica que gobernar ha sido una ventaja, no un inconveniente, para la suerte electoral del partido gobernante" (p.87). En este sentido, el rendimiento electoral de una legislatura repleta de acontecimientos políticos extravagantes (gobierno con tránsfugas y gobierno con C's), hechos sociales complejos y momentos críticos para la coalición (moción de censura fallida), ha otorgado al PP un rendimiento electoral positivo pasando de 210.771 votos en las elecciones de 2019 a 286.571 votos en las elecciones de 2023.

La Región de Murcia ha tenido un total de 14 gobiernos, en los que ha habido 2 coaliciones[1] producidas en la legislatura de 2019-2023 (X legislatura):

- (2019-2021): PP-C's, ostentando el PP la presidencia y 5 consejerías y C's 4 consejerías, siendo una coalición minoritaria y necesitando en ocasiones acuerdos con Vox.
- (2021-2023): PP-No adscritos, ostentando el PP la presidencia y 5 consejerías y los independientes, 4 consejerías. En esta ocasión la coalición, formada tras la moción de censura fallida presentada por el PSOE, será una coalición mayoritaria.

Estas situaciones desencadenaron una crisis interna en las formaciones que la promovieron. En septiembre de 2021 el líder de los socialistas murcianos, Diego Conesa, anunciaba públicamente que no se presentaría a la reelección como Secretario General de su formación. Pocos meses después, el 13 de diciembre de 2021, se produce su dimisión como portavoz del Grupo Parlamentario socialista y como parlamentario de la Asamblea Regional, siendo sustituido por Francisco Lucas, como portavoz, y asumiendo el acta de diputado José Antonio Campos.

Su relevo orgánico al frente del PSOE-PSRM como Secretario General se disputó entre dos candidaturas, la del delegado del gobierno José Vélez y la senadora autonómica Lourdes Retuerto. El 20 de noviembre del 2021, el delegado del Gobierno se convierte en el undécimo Secretario General de los socialistas murcianos. Un año después, tras unas primarias sin oposición y apenas movilización,

---

[1] En actual legislatura, iniciada en 2023, se ha producido una nueva coalición de gobierno entre el PP y Vox, ostentando el PP la Presidencia y 8 consejerías y Vox 2 consejerías, una de ellas con rango de Vicepresidencia.

José Vélez se convertía en el candidato a las elecciones autonómicas previstas para el mes de mayo de 2023. En estos comicios autonómicos la izquierda sufría una debacle electoral en la Región. El PSRM pasaba en las autonómicas de 2023, de 17 diputados a 13, quedándose 52.725 votos por delante de Vox.

Martínez Vidal había dimitido en julio de 2023 como coordinadora de C's, apenas dos meses después de la moción fallida, aunque mantuvo hasta el final de la legislatura su acta de diputada en la Asamblea Regional. Pronto fue sustituida por María José Ros Olivo, su número dos, que más tarde se convirtió en la candidata de C's para las mencionadas Elecciones Autonómicas en la Región de 2023, pero no alcanzó al 3% de los votos necesario para obtener representación en la cámara regional.

La Región de Murcia se había convertido en un referente para la dirección nacional de Vox, tras quedar primera fuerza política en las elecciones generales del 10 de noviembre de 2019, con el 18,64% de los votos y con tres escaños murcianos en la Cámara Baja (Lourdes Méndez, Joaquín Robles y Luis Gestoso). De esta forma Abascal empezaba el recorrido para los comicios autonómicos de 2023 en la Plaza de Toros de Murcia, con un lleno total como reflejaron los medios, y con el total apoyo a su líder regional, José Ángel Antelo.

Podemos mantiene para estas elecciones a su candidata en los anteriores comicios, María Marín, pero con una división entre las formaciones de izquierda. Podemos y Más Región concurrirán por separado a las elecciones autonómicas y municipales de la Región de Murcia, lo que finalmente perjudicaría sus resultados, afectando sobre todo a la formación de gobiernos en muchos municipios murcianos.

En febrero de 2022, el fracaso de la estrategia contra la presidenta de Madrid, o 'caso Ayuso', había hecho que tanto Pablo Casado como Teodoro García Egea perdieran los apoyos dentro del partido, convocándose un Congreso Extraordinario para el 2 y 3 de abril de ese mismo año. Casado, tras su celebración, dejaría de ser presidente nacional de los Populares, asumiendo su cargo el presidente gallego, Alberto Núñez Feijoo. En el posterior cónclave regional del PP, López Miras revalidaba su cargo como presidente regional del partido, y candidato a las elecciones del 2023.

Los sondeos realizados por el Centro de Estudios Murcianos de Opinión Pública (CEMOP), desprenden una fotografía casi exacta de lo sucedido en las elecciones autonómicas de mayo de 2023. El último CEMOP de la legislatura ofrecía más del 40% de los votos al PP. Los resultados en porcentaje de voto electorales quedaron de la siguiente forma (tabla 2):

Tabla 2. Porcentaje de voto en las elecciones autonómicas 2019-2023. Región de Murcia

	2019 (%)	2023 (%)
PP	32,36	42,84
PSOE	32,43	25,6
VOX	6,46	17,72
PODEMOS+IU-VERDES+AV	5,55	4,68
C'S	12	1,52

Siendo la que sigue la distribución de escaños en el parlamento regional (tabla 3):

Tabla 3. Resultados elecciones autonómicas 2019 y 2023. Región de Murcia

	PP	PSOE	VOX	PODEMOS+ IU-VERDES+AV	C's	TOTAL
ESCAÑOS 2023	21	13	9	2	0	45
ESCAÑOS 2019	16	17	4	2	6	45

3. LOS ESTADOS DE OPINIÓN ANTE LAS ELECCIONES

La relevancia política de unas elecciones municipales y autonómicas demanda un debate sosegado sobre las propuestas y candidatos que regirán cuestiones de interés cotidiano para la ciudadanía. En los comicios de mayo de 2023, este debate, sin embargo, se vio condicionado por la proximidad de unas elecciones generales a celebrar —previsiblemente— a pocos meses de las municipales que, como es sabido, se precipitaron ante los resultados de dichos comicios.

Si en unas elecciones locales y autonómicas la campaña se suele centrar en apelar a las particularidades de las entidades territoriales, defendiendo las políticas que cada partido considera su punto fuerte a la hora de atraer al electorado, en estas elecciones el debate tuvo tintes de política nacional. La opinión pública parecía ver en la cita a las urnas de mayo una suerte de "primera vuelta" ante las generales.

La polarización que desde hace años ha ido colonizando la política española, alimentada por procesos de deterioro del sistema (corrupción en los partidos; crisis del Estado autonómico; crecimiento del sentimiento independentista en Cataluña, entre otros) y los líderes de los partidos (Miller, 2020; Crespo et al., 2021; Olaz y Ortiz, 2021), ha ido creando un caldo de cultivo para la desafección y la actitud crítica de la ciudadanía ante sus gobernantes que en el caso de esta convocatoria electoral también se ha hecho presente. Una prueba de ello son los datos de opinión pública recogidos en los barómetros preelectorales realizados.

El barómetro primavera de 2023 —previo a las elecciones—, del CEMOP[2] (CEMOP, 2023) evidenciaba algunos datos que dan cuenta de la opinión de la ciudadanía sobre diversas cuestiones. Según estos datos, la evaluación de la situación política no era positiva. A la pregunta sobre dicha situación en la Región de Murcia, solo el 30,8% de los entrevistados la calificaba como buena o muy buena, un porcentaje sensiblemente inferior al 37,2% que la valoraba con este nivel en el barómetro de primavera de 2022.

En ese momento, los problemas que más preocupaban a la ciudadanía murciana eran, por este orden, el desempleo, el agua (su escasez) y el gobierno regional. Unos temas en los que la coincidencia con la opinión pública nacional es alta, tal como ponía de ma-

---

2 El barómetro se realizó mediante entrevista telefónica sobre una muestra de 1.200 casos a personas mayores de 18 años en la Región de Murcia, con un error muestral del 2,9% y una probabilidad del 95.5%.

nifiesto el barómetro de mayo del Centro de Investigaciones Sociológicas (CIS, 2023). En este segundo escenario, las preocupaciones se centraban en la crisis económica y los problemas económicos en general, en segundo lugar, el desempleo y, en tercer lugar, como en el escenario regional, los problemas políticos. La preocupación por un recurso como el agua en el caso de la Región de Murcia se debió a la aprobación por parte del Consejo de Ministros del Real Decreto por el que se revisaban los planes hidrológicos de las demarcaciones hidrográficas, entre ellas, la del Segura y la del Tajo, lo que desató en la sociedad murciana los recelos ante la amenaza de una fuerte reducción —entre 70 y 110 hectómetros cúbicos— en el agua trasvasada del Tajo al Segura, tal como prevé el denominado Plan del Tajo, que apuesta por compatibilizar el trasvase con un aumento de los caudales ecológicos. Esta preocupación se puso en evidencia en dicho barómetro que, por lo demás, ponía de manifiesto una coincidencia sobre las preocupaciones ciudadanas en los dos escenarios.

Estos datos ponen de manifiesto que, junto a la situación económica, la política, lejos de ser una solución a las inquietudes de la población, es objeto de las mismas. Concretando la cuestión política, la ciudadanía se mostraba bastante crítica con la gestión del gobierno. En el caso de la Región de Murcia, el 35,5% de las personas encuestadas la calificaban de mala o muy mala. No obstante, la postura más crítica se manifestaba respecto a la oposición, sobre la que la valoración era mayoritariamente negativa (el 52,2% la calificaba como mala o muy mala) en este barómetro de mayo.

La opinión pública sobre los principales líderes nacionales en el barómetro del CEMOP (CEMOP, 2023) colocaba en primera posición al líder del Partido Popular, Alberto Núñez Feijóo, seguido del —en ese momento— presidente del gobierno, Pedro Sánchez. Esta valoración se invertía en el barómetro nacional del CIS, en el que los ciudadanos colocaban al líder socialista en primer lugar.

Los datos de este barómetro del CEMOP aventuraban una clara victoria del Partido Popular, para el que la intención de voto en la Región de Murcia le daba una clara ventaja respecto al PSOE. Esta ventaja se veía invertida según el barómetro del CIS a nivel nacional, según el cual, por una mínima ventaja, la intención de voto colocaba por delante al PSOE.

En suma, la opinión pública se enfrentaba a unas elecciones autonómicas y municipales bastante desafecta con la política y los políticos, preocupada por la situación económica y relativamente confiada en la victoria de los populares a nivel regional y con prácticamente un empate entre los dos principales partidos Partido Popular y PSOE.

4. LA COYUNTURA ECONÓMICA

El fantasma de la inflación planeó sobre las elecciones de mayo como una amenaza. La elevación en el precio de los alimentos y la tarifa eléctrica colocaba el IPC en febrero de 2023 en porcentajes no conocidos en décadas, según los datos del Instituto Nacional de Estadística. La guerra de Ucrania ha tenido los efectos esperados a más de un año desde su inicio, provocando lo que algunos analistas ya califican como el mayor "shock" energético desde la crisis del petróleo de los años setenta.

El ejecutivo reaccionaba ante la crisis de Ucrania con la aprobación en diciembre de 2022 de un paquete de medidas con las que paliar los efectos de una guerra que ha mostrado con contundencia la globalización de sus efectos. Algunas de estas medidas fueron la rebaja el IVA del 4% al 0% a los alimentos de primera necesidad, la concesión de una ayuda de 200 euros para las familias con rentas de hasta 27.000 euros y prolongación de la rebaja de los impuestos de electricidad y gas. Para algunos de los colectivos más vulnerables, como los mayores, el Real Decreto por el que se aprobaba este conjunto de medidas, preveía la revalorización de las pensiones un 8,5% en 2023 para garantizar su poder adquisitivo. Otros colectivos, como los agricultores, también se veían beneficiados con ayudas directas de 660 millones de euros en compensación por el aumento del precio de los fertilizantes y del gasóleo agrícola y pesquero.

Todos los esfuerzos del ejecutivo no consiguieron, sin embargo, aliviar la preocupación que la ciudadanía ponía de manifiesto en las encuestas preelectorales. En el caso de la Región de Murcia, el CEMOP (CEMOP, 2023) reflejaba en su barómetro preelectoral de mayo dicha preocupación. A la cuestión de cómo percibían los/las encuestados/as la situación económica, más de la mitad (52,4%) respondía calificándola de mala o muy mala. Se trataba de la percepción negativa más elevada de toda la serie cronológica desde 2020, solo superada en la primavera y otoño de 2022. Esta percepción es similar a la que reflejaba el CIS (CIS, 2023) en su barómetro de mayo, según el cual, la situación económica general de España para un 65,7% de los/as españoles/as es mala o muy mala. El pesimismo sobre la economía se centraba en el desempleo, principal problema para la población murciana, como reflejaban los datos del barómetro del CEMOP previo a los comicios.

En resumen, un marco económico en el que, si bien el ejecutivo socialista había intervenido para amortiguar los efectos de una crisis bélica de efectos globales, no lograba revertir la percepción negativa de la ciudadanía en el escenario nacional, como tampoco lo conseguía la gestión del ejecutivo popular en el caso regional.

5. CONCLUSIONES

El accidentado relato de la política nacional, desarrollado en los ocho años que preceden a las Elecciones Autonómicas de 2023 en la Región de Murcia, ha venido a proyectarse sobre las mismas, con peculiaridades propias de la Comunidad Autónoma, pero también con el protagonismo relevante de acontecimientos inesperados; "cisnes negros" provenientes, tanto de la naturaleza (Covid-19), de la geopolítica (Guerra en Ucrania, inflación), de la vida política nacional (cambios de liderazgo, procesos judiciales), así como de la propia política regional (Moción de Censura, efecto dominó de la misma, transfuguismo y defenestración de líderes).

El estallido del bipartidismo nacional de 2015 y 2016, que llegó casi a equiparar electoralmente a formaciones prácticamente recién fundadas con los viejos partidos tradicionales, PP y PSOE, aterrizó ya con moderación en la Región de Murcia en 2019, dibujando un escenario de relevo previsible en la larga hegemonía del PP, aunque con un razonable suelo electoral de éste. Las tendencias de absorción de las nuevas formaciones por los partidos tradicionales, más exitosas por parte de los Populares, frustraron ese relevo en la Legislatura precedente. El "cisne negro" de la Moción de Censura, auspiciada por una controvertida gestión de otro, la Covid-19, por parte del Gobierno Regional, tuvo consecuencias limitadas a nivel autonómico. Aunque llegó a desencadenar en la vida política nacional, de forma más o menos indirecta, tres acontecimientos capitales: la emergencia de Isabel Díaz Ayuso, la salida de Pablo Iglesias de la primera fila del panorama político y, probablemente, el principio del derrumbe de Ciudadanos. De modo interesante esos eventos, originados de algún modo en la Región de Murcia, vuelven para proyectar su influencia sobre los comicios de 2023.

En los estados de opinión de la ciudadanía, los llamativos avatares políticos, han provocado una intromisión de la *política* en la lista de los problemas de preocupación para la ciudadanía, escalando más o menos posiciones en su valoración negativa según los vaivenes y sobresaltos institucionales, tanto parlamentarios, como protagonizados por los partidos y sus dirigentes, pero sin que la jerarquía o la significación de los mismos varíe sustancialmente: agua, desempleo, economía... Los antedichos sobresaltos, de modo peculiar, han afectado de forma más relevante al PSRM, aspirante previo al relevo institucional, a cuyo borde se ha visto en dos ocasiones: la propia noche electoral de mayo de 2019 y la fallida Moción de Censura. A la espera de, quizá, nuevas incidencias en la vida pública nacional y regional, el escenario de opinión de la ciudadanía, respecto a la vida política y los problemas cotidianos, parece tender, de modo paulatino, al dibujado en la década precedente.

En el plano económico la inquietud ciudadana quedaba plenamente justificada ante la escalada de la inflación y otras consecuencias directa o indirectamente relacionadas con la situación bélica en Europa. Los económicos, con una especial mención al problema del desempleo, son de nuevo los problemas que más preocupan, como ponen de manifiesto las encuestas regionales y nacionales.

Capítulo 2

La campaña electoral y sus acontecimientos[1]

JOSÉ MIGUEL ROJO MARTÍNEZ
ALEJANDRO SOLER CONTRERAS

1. LAS ESTRATEGIAS DE CAMPAÑA DE LOS PARTIDOS

Para el estudio de la campaña de los diferentes partidos nos centraremos en un breve análisis de sus eslóganes, incluidos dentro de la cartelería y demás publicidad exterior, así como de sus *spots* electorales, productos audiovisuales creados para su emisión tanto en los espacios regulados de propaganda en televisión como en las redes sociales.

Los eslóganes o *claims* son productos comunicativos que deben tender a la concentración semántica y ser fáciles de memorizar (Garrido-Lora, 2013). Estas cualidades les permiten resumir simbólicamente gran parte de la estrategia de campaña, aunque no debe asumirse que los mensajes de una campaña están totalmente presentes en el eslogan (Crespo *et al.*, 2011). No obstante, sí es posible entender que el eslogan central representa el corazón del planteamiento estratégico de la campaña, sin perjuicio de que aparezcan, como es habitual, múltiples lemas auxiliares que combinan mensajes directos y polisémicos (Garrido, 2016).

Comenzando por el Partido Popular, su lema "La mayoría necesaria" conectaba con una de las grandes preguntas de esta elección:

---

1 José Miguel Rojo agradece la financiación recibida por parte del Minsterio de Ciencia, Innovaicón y Universidades para su Contrato Predoctoral FPU (ref. FPU20/01033). Alejandro Soler agradece la financiación recibida por parte del Plan Propio de la Universidad de Murcia para su Contrato Predoctoral FPU.

si se repetía un modelo de gobierno de coalición, pero ahora con VOX como socio prioritario y miembro del gabinete, o los populares podrían gobernar en solitario. "La mayoría necesaria" a la que apelaba Fernando López Miras se construía de forma segmentada, al ser acompañada en los carteles electorales de la especificación de utilidad de ese apoyo para distintos colectivos. Así, se podían leer construcciones como "La mayoría necesaria *para proteger a las familias*", "La mayoría necesaria *para tener más sanidad pública de calidad*" o "La mayoría necesaria *para defender el Trasvase*". De esta forma, la campaña adaptaba su eje rector (apelar a una mayoría sólida que permitiera un gobierno monocolor sin ataduras) a nichos específicos de votantes a los que intentaba convencer de cómo esa mayoría les beneficiaría. Interpelar a la "mayoría" nos retrotrae al lema de Aznar del año 1996: "Con la nueva mayoría", un momento histórico en el que el PP también necesitaba construir una mayoría social transversal para liderar un proyecto de centro reformista.

Por su parte, el Partido Socialista de la Región de Murcia incluyó la palabra "cambio" en su lema, una apuesta que recuperaba el exitoso lema de Felipe González en 1982 ("Por el cambio"), y con el que se ponía el foco en la continuidad del PP en el gobierno desde 1995. La genérica apelación al cambio se acompañó de un mensaje sobre la capacidad individual de transformación: "El cambio está en tus manos" transmitía la posibilidad real de que ese cambio se produjera si los electores se movilizaban. Todo dependía de ellos y de un simple gesto.

En el caso de Vox, el partido optó por combinar dos lemas: "Riega" y "Vota Seguro". Con el primer lema reproducían una estructura muy similar a la que ya habían usado en las elecciones de Castilla y León del año 2022 ("Siembra"), y se dirigían directamente al mundo agrícola, que era uno de sus principales públicos. Las posturas de Vox en relación a la Ley del Mar Menor o al Plan Hidrológico Nacional asentaban la voluntad de este partido de conseguir un voto masivo del sector. Junto al mundo agrícola, el partido liderado por José Ángel Antelo incidió en los problemas de inseguridad como otra de sus banderas. Esta apuesta se reprodujo en campañas municipales como la de Murcia o Torre-Pacheco, de manera que se coordinaron los mensajes en ambos niveles.

La campaña de Podemos-IU-AV asumió el marco general que el partido morado propuso desde Madrid para la campaña del 28M:

"Valentía para transformar". Se daba así continuidad discursiva al que había sido el lema de precampaña: "La fuerza que transforma", un intento por contraponerse al PSOE, hacer suyos los grandes avances sociales de la legislatura y demostrar la necesidad de que Podemos esté en los gobiernos frente a una socialdemocracia que si actúa en solitario "no es valiente". Aunque la coalición Podemos-IU-AV no creó un lema propio para la Región de Murcia, su candidata, María Marín, apareció en el cartel con una camiseta del movimiento "SOS Mar Menor" y con un flamenco en la solapa de su chaqueta, dos elementos que articulaban una interacción semiótica con su apuesta por la "valentía", trasladando tanto la voluntad de convertir el estado de la laguna en uno de los *leitmotiv* de campaña como en demostrar el compromiso firme en su defensa.

Tabla 1. Lemas de campaña electoral de los principales partidos políticos de la Región de Murcia

PARTIDO	LEMA
PP	"La mayoría necesaria"
PSRM	"El cambio está en tus manos"
Vox	"Vota seguro"
Podemos-IU-AV	"Valentía para transformar"

Fuente: elaboración propia.

Por su parte, el análisis de los *spots* de la campaña debe asumir que este tipo de creaciones audiovisuales son una herramienta prioritaria para la transmisión de emociones (Crespo *et al.*, 2022), con un capacidad superior para llegar a los sentidos de los electores frente a cualquier otra herramienta de propaganda (García Beaudoux y D'Adamo, 2006). Los *spots* incluyen comúnmente tres tipos de apelaciones: a temas concretos (enfoque racional), a la imagen o carácter de los candidatos y a las emociones (García Beaudoux y D'Adamo, 2006).

El vídeo electoral del PP invitaba a los ciudadanos a "sumarse" a "La mayoría necesaria". Con una combinación de imágenes de diferentes lugares icónicos de la Región provistos de gran carga simbólica, se combinaban las raíces identitarias de lo agrícola con lo marítimo. El vídeo mostraba desde una noria tradicional hasta el Mar Menor, pasando por una fábrica de pimientos, la floración o el canal del Trasvase. El presidente López Miras mostraba que la mayoría de ciudadanos de la Región compartían los valores de su partido (mensaje inclusivo, conciliador y asumiendo que ya eran mayoría): luchar contra la discriminación de la Región y garantizar el "diálogo frente a los gritos" fueron dos mensajes que se completaban con referencias implícitas al problema del agua y del Mar Menor. El presidente transmitía una imagen moderada y conectada con la identidad regional.

EL PSRM optó por una mayor diversidad de vídeos de campaña. En uno de ellos se destacaban los buenos datos económicos y de empleo del conjunto del país, terminando con una imagen del candidato regional, José Vélez, junto a Pedro Sánchez y el entonces Alcalde de Murcia en un mitin. Se vinculaba a Vélez con los logros económicos de Sánchez, reforzando la tendencia hacia la nacionalización de la campaña. En el segundo de los vídeos, protagonizado por jóvenes, se incidía en la necesidad de cambio tras tres décadas de gobiernos populares ("hay muchos jóvenes que no han vivido otra cosa") y se enunciaban algunos problemas de esta generación como la emigración económica, la emancipación, la atención psicológica, el transporte o el compromiso con el medioambiente.

En su vídeo de campaña, Vox planteaba una disyuntiva entre "décadas de abandono, promesas incumplidas, aumento de la inseguridad y ataque a nuestro campo" o "voto seguro para devolver a la Región al lugar que merece". Se incidía en los ya mencionados ejes de campaña: el sector primario como target prioritario —incluyendo un tractor en el *spot* y la imagen de un invernadero con tomateras— y la delincuencia, apelando a un sentimiento de amenaza e intranquilidad en la ciudadanía.

Por su parte, la coalición de izquierdas Podemos-IU-AV desarrolló un anuncio en tres partes: primero se incluían testimonios de ciudadanos anónimos que señalaban problemas como la subida de los precios, las macrogranjas, la contaminación del Mar Menor, la polémica con las vacunas de la COVID-19, el transfuguismo o la situación de Cartagena en el conjunto de la Región. El vídeo trataba de generar "enemigos discursivos" más allá de lo político, criticando a los grandes empresarios (particularizados en los dueños de Mercadona, El Pozo y la agroindustria). En segundo lugar, aparecía la candidata, María Marín, en el puerto de Cartagena —ciudad que cobró un gran protagonismo en su campaña—. Marín se presenta como la oposición valiente que dice lo que nadie se atreve: "lo que tú piensas solo lo dice María Marín porque si no lo dice ella, ¿quién lo va a decir?". El vídeo termina con una recopilación de algunas medidas del gobierno de coalición (limitación de alquileres, ERTEs, renta crianza...) que Podemos abandera, intercalando imágenes de las ministras Belarra y Montero. Se traslada la idea final de que esta agenda de reformas se pretende importar a la Región de Murcia con medidas como la rebaja de listas de espera o la mejora de la atención a la dependencia.

Tabla 2. *Spots* de campaña electoral de los principales partidos políticos de la Región de Murcia

PARTIDO	*SPOTS*
PP	"Súmate a #LaMayoríaNecesaria" https://www.youtube.com/watch?v=0LWejdnglco
PSRM	Vídeo logros Gobierno central https://x.com/PSOE_RM/status/1658502578580389889?s=20 "Hay muchos jóvenes que no han vivido otra cosa". https://x.com/PSOE_RM/status/1656910875331117056?s=20
Vox	"Este 28 de mayo, #VotaSeguro" https://www.youtube.com/watch?v=CooJXsr07JQ
Podemos-IU-AV	"#ValentíaParaTransformar" https://www.youtube.com/watch?v=g_2_lAJ97J0&t=45s

Fuente: elaboración propia.

2. LOS ACONTECIMIENTOS CLAVE DE LA CAMPAÑA EN LA REGIÓN DE MURCIA

El análisis de los acontecimientos de la campaña se fundamenta en su importancia para la construcción del discurso político de los partidos, pues este está constituido en buena parte por un conjunto de valores que constituyen un prisma desde el cual interpretar la realidad y los sucesos que componen el periodo electoral en una forma apropiada a los propios intereses e ideales. Se da, por tanto, la necesidad de establecer cierto control sobre los acontecimientos que protagonizaron estos quince días, tratando de primar aquellos que permitan un mayor protagonismo y eficacia del discurso propio en detrimento de aquellos que lo contradigan o hagan evidentes sus fallas. Se trata, en definitiva, de lograr un correcto enmarcado discursivo de los sucesos para que se constituyan en puntos clave de interpretación de la campaña para los votantes.

Si bien puede parecer que nos movemos en un terreno pasivo en el que los partidos aguardan a los acontecimientos y posteriormente tratan de reaccionar a ellos, no podemos obviar la faceta proactiva de los sucesos de campaña, consistente en los esfuerzos que realizan las formaciones políticas para *crear* eventos que puedan ser posteriormente replicados por los medios de comunicación, ejerciendo de altavoz para un mensaje sobre el cual el partido siempre ejercerá un grado de control alto. Esta creación de eventos o *pseudo-eventos* (Boorstin, 1961), que se distinguen de aquellos acontecimientos que surgen de forma *orgánica*, se da gracias a la existencia de un espacio de interés común entre políticos y periodistas, consiguiendo visibilidad pública los primeros y materia noticiable los segundos. Como veremos a continuación, dentro de esta dinámica destacan noticias como las basadas en la celebración de entrevistas, aquellas que giran en torno a declaraciones de los candidatos, las visitas de líderes políticos o la interpretación de la contienda, en muchas ocasiones a partir de la publicación de estudios demoscópicos (en este caso, la promoción del evento puede provenir unilateralmente del medio de comunicación).

Ya afirmado el papel clave que juegan los acontecimientos concretos en las campañas electorales y la comunicación política, nos disponemos a realizar un análisis de los eventos que estructuraron la campaña autonómica en la Región de Murcia entre los días 12 y 26 de mayo. Para ello, hemos recopilado las noticias (de carácter político) que llevaron a la portada de su edición impresa durante el periodo legal de campaña los dos principales periódicos regionales: *La Verdad* y *La Opinión*. En la Tabla 3 se pueden observar los distintos titulares que protagonizaron cada día de la campaña en cada medio:

Tabla 3. Titulares de los diarios La Verdad y la Opinión durante el periodo de campaña

<table>
<tr><th>Día</th><th>Titulares de La Verdad</th><th>Titulares de La Opinión</th></tr>
<tr><td rowspan="3">12 de mayo</td><td>"Los agricultores consideran insuficientes las ayudas del Gobierno frente a la sequía. La CHS recibe 10 millones de euros destinos a la apertura inmediata de pozos".</td><td rowspan="2">"El CIS rebaja las expectativas del Partido Popular en la Región. Los populares ganarían las elecciones, pero muy lejos de la mayoría absoluta".</td></tr>
<tr><td>"El CIS da la victoria al PP murciano, pero lo aleja de la mayoría absoluta".</td></tr>
<tr><td>"Arrancan 15 días frenéticos hasta llegar a las urnas". Foto de López Miras en El Palmar en el acto de pegada de carteles y foto de Vélez en Torre de Romo en el mismo acto.</td><td>"Ley del Mar Menor: los agricultores piden una prórroga para las inspecciones privadas".</td></tr>
<tr><td rowspan="4">13 de mayo</td><td>"Luz verde al programa de desalación de Ribera a cambio del recorte del Trasvase. El consejero Luengo denuncia que es otro paso adelante para cerrar el Tajo-Segura. Para los regantes, el agua desalada sigue siendo cara pese a la ayuda".</td><td>"Serrano promete crear una concejalía de inmigración".</td></tr>
<tr><td>"Condenan al SMS por privar a una mujer del derecho a abortar al ocultar riesgos en el feto".</td><td>Francisco Morales: "El potencial turístico de Lorca no está potenciado ni siquiera un diez por ciento".</td></tr>
<tr><td rowspan="2">"La inflación sube en la Región hasta el 4,6% en abril, casi un punto más que el mes anterior".</td><td>María del Carmen Menduiña: "Estamos en vías de acabar con un bipartidismo establecido desde hace décadas". Afirma que faltan agentes de la Policía para luchar contras las bandas latina en Lorca.</td></tr>
<tr><td>Pedro Sosa: "Hace falta un nuevo hospital en Lorca y también convertir el viejo en un geriátrico".</td></tr>
</table>

<table>
<tr><th>Día</th><th>Titulares de La Verdad</th><th>Titulares de La Opinión</th></tr>
<tr><td rowspan="4">14 de mayo</td><td>"Sondeo de GAD3. El PP sumaría más que toda la izquierda y MC podría entrar en la Asamblea Regional. Miras lograría una mayoría insuficiente y dependería de VOX. El PSOE perdería tres diputados, Podemos crece y Ciudadanos desaparecería".</td><td>"Miras anuncia vuelos directos de Corvera con Madrid y Barcelona".</td></tr>
<tr><td>"Miras anuncia dos vuelos semanales a Barcelona y Madrid a partir de noviembre".</td><td>"Sí Cartagena irrumpe como tercera fuerza a costa del PSOE".</td></tr>
<tr><td>"Iceta promete buscar fondos europeos para la Ciudad Deportiva de Murcia".</td><td>Fulgencio Gil: "En Lorca se cometen mil delitos más ahora que cuando gobernaba el PP".</td></tr>
<tr><td>"La generación de las crisis. 57.029 jóvenes de la Región podrán estrenar su derecho al voto el próximo 28 de mayo".</td><td>Diego José Mateos: "El líder de la oposición vende experiencia, pero la Alcaldía se la dejó su tío Jódar en herencia".</td></tr>
<tr><td rowspan="2">15 de mayo</td><td>"Los partidos abogan por más control en el Mar Menor, pero discrepan en cómo aplicarlo. PP, PSOE, Podemos, Cs y MC quieren desarrollar la ley regional, mientras VOX pretende eliminarla".</td><td>"Plan cultural. Pedro Sánchez promete entradas de cine a 2 euros para los jubilados".</td></tr>
<tr><td>"El Ejecutivo nacional se queda sin tiempo para frenar el paro en la Justicia".</td><td>"El voto novel, un filón de más de 60.000 abstencionistas e indecisos".</td></tr>
<tr><td rowspan="5">16 de mayo</td><td>"Solo el 5% de los extranjeros de la Región puede elegir a su alcalde".</td><td rowspan="2">"La ministra promete el AVE a Cartagena en 2026. La titular de Transportes participa en un acto de campaña en la ciudad portuaria junto a Vélez".</td></tr>
<tr><td>"El Ministerio anuncia que electrificará la línea directa con Madrid por Chinchilla".</td></tr>
<tr><td>"López Miras promete crear 600 nuevas plazas de residencias y una ley de discapacidad".</td><td rowspan="3">"Miras quiere abrir 600 plazas de residencia para personas con discapacidad. Promete rebajas fiscales para pagar los gastos obligatorios de veterinario".</td></tr>
<tr><td>Diego José Mateos: "Pese a las dificultades, Lorca está mejor que hace 4 años, es indudable".</td></tr>
<tr><td>Fulgencio Gil: "Veo las ganas de la gente de protagonizar el cambio con nosotros".</td></tr>
</table>

Día	Titulares de *La Verdad*	Titulares de *La Opinión*
17 de mayo	Eliseo García, Alcalde de Molina y candidato del PSOE: "Transformaremos la ciudad a través de los planes de movilidad".	"Sánchez y Feijóo se enfrentan en el Senado por Bildu y ETA".
	José Ángel Alfonso, candidato del PP en Molina: "Me comprometo a poner en marcha medidas para reducir la delincuencia".	"Por mi Región, VOX y PP evitan firmar un pacto por el Mar Menor".
18 de mayo	"Murcia permitirá equipamientos en zonas de alta inundabilidad de forma excepcional".	"Sin inyecciones de oxígeno este verano en el Mar Menor".
	"Una rivalidad muy fraternal. Dos hermanos mellizos se presentan por PSOE y VOX en Mula".	"Rechazan la suspensión cautelar de la subida de caudales del Tajo".
	"Miras asegura que impulsará la creación de 10.000 empleos digitales".	"Sumar supera a VOX y Feijóo remonta frente a Sánchez".
	"Vélez se compromete a aumentar un 30% la plantilla de enfermería".	"Casi 20.000 electores de la Región no quieren recibir en su casa las papeletas".
	Gestoso: "Lo primero que vamos a hacer el paralizar el plan de movilidad y revertir el 80% de lo que queda por realizar".	
19 de mayo	"Jueces y fiscales pactan una subida salarial con el Gobierno y desconvocan la huelga".	"Sin tráfico. El Puente Viejo de Murcia se cierra al paso de vehículos y empuja a los vecinos del Carmen a diseñar un Plan de Movilidad alternativo. Ballesta asegura que suspenderá todas las obras si es elegido".
	"Ballesta anuncia que parará las obras de movilidad el mismo día que cierra al tráfico el Puente Viejo".	"La CHS advierte de desaladoras activas en el Campo de Cartagena".
	"Investigan en Melilla el mayor fraude electoral por la compra de votos por correo".	Leli García: "Al PP le preocupa más su red clientelar que el bienestar de los vecinos".
	Pedro García Rex: "No me arrepiento de la moción de censura junto al PSOE; jamás hubiese podido pasear por Murcia sabiendo que soy un tránsfuga".	Pedro Antonio Martínez: "Los partidos localistas han ofrecido una imagen grosera y belicista de Cartagena".
		Diego Salinas: "Es aberrante que se invierta tanto en inmigrantes ilegales y no en familias necesitadas".

Día	Titulares de *La Verdad*	Titulares de *La Opinión*
20 de mayo	"María Marín obliga a cancelar el debate electoral a la mitad".	"Podemos dinamita el debate. La negativa de la candidata de la formación morada, María Marín, a ceder su puesto a la candidata de Más Región como dictó la Junta Electoral, obliga a cancelar el único cara a cara".
	"Los partidos ponen en el centro de la diana la lucha contra el fracaso escolar. El PP reivindica la elección de centro y el PSOE exige aplicar la LOMLOE en la Región".	Irene Montero: "Murcia necesita a María y Elvira para no convertirse en Castilla y León".
	"La ministra Montero apuesta en Murcia por los gobiernos de coalición".	Ana Belén Castejón: "Si nadie obtiene la mayoría y son necesarios los pactos, ahí estaremos".
	"López Miras quiere construir 3.100 viviendas protegidas si gana las elecciones".	Manuel Torres: "Quien aspire a gobernar tiene que estar dispuesto a acordar con otros partidos".
	Ballesta: "Vamos a revertir las obras que dañen la convivencia, como por ejemplo las realizadas en la calle Mayor de Espinardo".	
21 de mayo	"Sondeo de GAD3. Ballesta sumaría más que toda la izquierda y se queda a un edil de la mayoría absoluta. Noelia Arroyo ganaría en Cartagena, pero necesitaría pactar con VOX y con Castejón para gobernar".	Noelia Arroyo: "No pienso sacar a la venta las parcelas del Molinete tras su excavación. Tengo una agenda con Feijóo para que nos ayude cuando sea presidente".
	José Antonio Serrano: "el plan de movilidad convertirá Murcia en una ciudad más moderna y saludable; no puedo dejar de hacerlo por un puñado de votos".	José López: "Creo sinceramente que vamos a sacar catorce concejales, que es la mayoría absoluta. Todos los días se oye la palabra suciedad, la que hay dentro y fuera del ayuntamiento".
	"El Colegio de periodistas censura el bochorno de Podemos que anuló el debate electoral".	

Día	Titulares de *La Verdad*	Titulares de *La Opinión*
22 de mayo	"José María Aznar. El expresidente del Gobierno reclama en Murcia una mayoría sólida y fuerte".	"Impugnarán el nuevo contrato de Educación de menús escolares".
		Pedro García Rex: "Ciudadanos es el partido que puede evitar que los extremos entren en las instituciones".
	María Marín: "no me arrepiento. Nunca me arrodillo ante una injusticia, asegura tras provocar la suspensión del debate".	Luis Gestoso: "A las dos horas de ser alcalde me voy a cargar la ORA tal y como está diseñada".
		Elvira Medina: "Ballesta, de la mano de la ultraderecha, es una amenaza para las mujeres".
23 de mayo	"Los partidos coinciden en dar prioridad al empleo y el apoyo a las PYMES".	"El CEMOP corona al PP y acerca a MC a la Asamblea".
	Antelo: "Quien piense que va a votar a VOX para que después ceda gratis el apoyo al PP, es mejor que no lo haga, le vamos a defraudar".	"Nacional. El PSOE saca 2,3 puntos al PP en el sprint final de las elecciones municipales"
	Helena Vidal: "Con Más Región va a regresar a la Asamblea esa voz verde y joven que cuide el presente y asegure el futuro".	José Antonio Serrano: "Quiero crear un consorcio para invertir en nuestros colegios 120 millones en 10 años".
		José Ballesta: "Tras la moción de censura llegó el rencor hacia todo lo que representamos". Ballesta advierte que parte de las obras del plan de movilidad se tendrán que levantar por el tranvía.
24 de mayo	"Abascal avisa en Cartagena de que no regalará sus votos".	Abascal: "El que se oponga al Plan Hidrológico Nacional se va de VOX".
	"Los partidos temen que el mal tiempo previsto para el domingo influya en la participación".	"Cuatro partidos minoritarios llaman a la puerta de la Asamblea".
	María José Ros: "Lo mejor que le puede pasar a la Región es que seamos decisivos; nuestras encuestas internas nos dan un diputado y estamos cerca del segundo".	María José Ros: "Un gobierno del PP con VOX será como un coche bomba directo hacia el Mar Menor".
	"El consejo de RTRM propone reanudar el debate electoral que reventó la líder de Podemos".	

Día	Titulares de *La Verdad*	Titulares de *La Opinión*
25 de mayo	"La corrupción electoral en Melilla y Mojácar agita el final de la campaña".	"Igualdad exige que los hospitales murcianos garanticen el aborto".
	José Vélez: "En estos últimos años se han comprado y vendido voluntades; los ciudadanos no van a permitir que el PP les engañe más tiempo".	José Ángel Antelo: "Si López Miras no toca la Ley del Mar Menor será oposición. Y nosotros, también".
	"La juez encamina de nuevo a Pedro Antonio Sánchez al banquillo por el caso Guardería".	María Marín: "Nos gobiernan mayordomos de las grandes empresas del agronegocio".
		"64.200 jóvenes podrán votar por primera vez".
26 de mayo	"Detenidos tres candidatos socialistas de Albudeite por presunta compra de votos. Una operación antidroga en el municipio desata la supuesta trama de fraude electoral".	"Tres detenidos de la lista del PSOE en Albudeite por compra de votos"
	"Sánchez pierde el control de la campaña ante la espiral de casos que salpican al PSOE. La red desmantelada en Mojácar captaba papeletas de sudamericanos sin recursos".	"Penúltimo empujón". Núñez Feijóo arropa a López Miras en la recta final de la campaña y aprovecha el acto para exigir a Sánchez que aclare los casos de corrupción del PSOE.
	"Feijóo llama a acudir a las urnas para demostrar que los votos ni se compran ni se alquilan. Reclama al presidente del Gobierno que dé explicaciones sobre los escándalos".	
	López Miras: "Tengo muy claro que no volveré a gobernar en coalición porque sé que no es bueno para los ciudadanos de la Región".	López Miras: "Hay que unir el voto ante la amenaza de un Gobierno sanchista propiciado por VOX".
	"Belarra marca distancias con el PSOE y lo acusa en un mitin en la Región de defraudar siempre que Podemos no está fuerte".	Vélez: "Tengo claro que el PP y VOX ya tienen cerrado todo para después del 28M".

Día	Titulares de *La Verdad*	Titulares de *La Opinión*
26 de mayo (cont.)	"Morán destaca que las obras del Mar Menor han frenado el vertido de sedimentos y Vélez anuncia un plan de inversiones en la laguna".	Belarra: "Valentía es María Marín plantándose en el debate electoral".
	"MC presenta en Murcia su programa electoral y pide la comarcalización y la biprovincialidad en un acto ante la concatedral de Cartagena".	

Fuente: elaboración propia a partir de las portadas impresas de ambos periódicos extraídas de sus cuentas de X.

Comenzando por un análisis de carácter general, podemos observar una fuerte presencia de entrevistas a los contendientes, así como de piezas que realizan un análisis de la competición electoral en sí (muchas veces apoyadas en la publicación de encuestas) o noticias basadas en el anuncio de medidas o propuestas por parte de los candidatos. Encontramos dentro de este marco titulares como "El CIS da la victoria al PP murciano, pero lo aleja de la mayoría absoluta" (*La Verdad,* 12 de mayo), "López Miras: 'Hay que unir el voto ante la amenaza de un Gobierno sanchista propiciado por VOX'" (*La Opinión,* 26 de mayo) o "Vélez se compromete a aumentar en un 30% la plantilla de enfermería" (*La Verdad,* 18 de mayo). Este tipo de informaciones siguen un modelo cercano, en distintos grados, al concepto de *pseudo-evento* anteriormente tratado, centrado en un acontecimiento surgido de forma "no orgánica". No entendemos este recurso como nocivo, sino como propio de una dinámica electoral en la que se intensifican las informaciones sobre la competición política o las declaraciones de los candidatos en cumplimiento de la función informativa y de competición de las campañas. Así pues, la campaña electoral y sus actos se convierten en una fuente de acontecimientos en sí misma.

Dentro de este esquema, destaca el papel jugado en la campaña por las visitas a la Región de líderes nacionales de las distintas formaciones. Así, nos encontramos con la presencia de la Ministra de Transportes, Raquel Sánchez, el día 15; la Ministra de Igualdad, Irene Montero, el 19; el expresidente José María Aznar el 21; el líder nacional de VOX, Santiago Abascal, el 23 y el líder nacional del Partido Popular, Alberto Núñez Feijóo, el 25. Cabe destacar que, tanto José María Aznar como Santiago Abascal, habían visitado la Región en época de precampaña, y que la visita de la Ministra de Transportes genera un titular sobre su promesa de llegada del AVE a la ciudad portuaria en 2026 (día 16, *La Opinión*).

Las visitas de estas personalidades de relevancia nacional se convirtieron en momentos clave de las distintas campañas, aprovechadas por los líderes regionales para amparar su posición bajo la aprobación de una figura más conocida por el votante, así como para captar la atención de la que, normalmente, la política autonómica goza en menor medida que la nacional. Destaca, en este sentido, la segunda visita de José María Aznar en menos de dos meses, que atendía al propósito adicional de reunificar al espacio de la derecha y apelar a un votante del Partido Popular de perfil más conservador y de mayor edad, que pudiera sentirse menos representado en el liderazgo autonómico de la formación, al tiempo que dudoso entre la papeleta de los populares y la de Vox. Por otra parte, la visita de Santiago Abascal responde al interés especial de Vox en la Región de Murcia como tradicional feudo electoral del partido, posibilidad asentada por los buenos resultados de la formación en las elecciones generales de noviembre de 2019, así como por la existencia de ciertas características estructurales y actitudinales de la Región que la han convertido en territorio prioritario para la dirección nacional de este partido.

Consciente de la competencia directa establecida con el PP por el amplio espacio conservador de la Región, el líder de Vox decide hacer gala de la línea dura del partido en torno a la condición de entrada en el gobierno para una hipotética investidura de Fernando López Miras ("Abascal avisa en Cartagena de que no regalará sus votos" 24 de mayo, *La Verdad*). También trata de disputar el liderazgo temático del Partido Popular en la cuestión hídrica, clave para la movilización del electorado murciano ("Abascal: 'El que se oponga al Plan Hidrológico Nacional se va de VOX'", 24 de mayo, *La Opinión*). Y es que en esta campaña el tema del agua volvió a ser central para los dos partidos de la derecha, tras una precampaña marcada por la decisión del Gobierno de aumentar el caudal ecológico del Tajo[2].

Los acontecimientos creados en torno a la visita de los distintos líderes nacionales se aprovecharon, igualmente, para la colocación de mensajes que resultaran centrales en la estrategia electoral de los partidos y a los que se otorgó una amplia cobertura mediática. Por ejemplo, José María Aznar replicaría en su intervención una de las principales líneas discursivas de la campaña de López Miras, relativa a la necesidad de concentración del voto conservador para lograr una mayoría absoluta que garantizara un gobierno eficaz ("José María Aznar. El expresidente del Gobierno reclama en Murcia una mayoría sólida y fuerte" 22 de mayo, *La Verdad*), e Irene Montero aludiría al voto progresista como una barrera frente al avance de los gobiernos PP-Vox ("Irene Montero: 'Murcia necesita a María y Elvira para no convertirse en Castilla y León'", 20 de mayo, *La Opinión*).

Por último, dentro de la dinámica referida de acontecimientos *creados,* destaca la polémica en torno a la actuación de la candidata de Podemos, María Marín, en el debate electoral organizado por la Radiotelevisión de la Región de Murcia (RTRM) y el Colegio de Periodistas. La raíz de este suceso se encuentra en el hecho de que Equo concurriera en coalición con Podemos a las elecciones autonómicas de 2019 y, llegada la campaña, tuviera un escaño en la Asamblea Regional. Como en las elecciones del año 2023 Equo decidió concurrir no con Podemos, sino con Más Región, reclamó su propia participación en el debate electoral, según las normas que estipulan la inclusión de los partidos en función de su representación parlamentaria previa. La Junta Electoral, ante esta situación inédita, decidió que la candidata de Podemos, María Marín, y la de Más Región, Helena Vidal, se dividieran el tiempo de participación en el debate, correspondiendo a la dirigente de Podemos la primera mitad del mismo y a la de Más Región-Equo, la segunda. Una vez llegado el momento de efectuar el cambio de candidatas en el plató, la representante de Podemos-IU-AV se negó a abandonar su sitio, lo que llevó a la cance-

---

2 RTVE.es. (2023, 11 enero). Miles de regantes se manifiestan por el trasvase Tajo-Segura. https://www.rtve.es/noticias/20230111/regantes-levante-manifiestan-trasvase-tajo-segura/2415197.shtml.

lación del debate al no poder producirse en las condiciones estipuladas por la Junta Electoral.

Esta actuación, arriesgada desde el punto de vista político, entroncaba con la estrategia de campaña diseñada por Podemos, que retrataba a la formación y a sus representantes como agentes valientes del cambio político que eran injustamente boicoteados por las fuerzas económicas, políticas y mediáticas del *statu quo*. Ante esta persecución, la formación se considera la única del ámbito progresista capaz de plantar cara a los abusos de "los poderosos", tratando de establecer una comparación ventajosa respecto al PSOE en la pugna por el voto de izquierdas.

La interpretación del acontecimiento generado por María Marín oscilaría, por tanto, entre la culpabilización a la candidata por haber impedido el desarrollo del debate ("María Marín obliga a cancelar el debate electoral a la mitad", 20 de mayo, *La Verdad*) y la calificación de lo ocurrido como un acto de valentía por parte de los miembros de su partido ("Belarra: 'Valentía es María Marín plantándose en el debate electoral'", 26 de mayo, *La Opinión*). Por otro lado, cabe plantear una intención estratégica adicional centrada en restar visibilidad pública (la que otorga un debate electoral) a un competidor directo de la formación morada como era Más Región, que finalmente no obtuvo representación.

Si centramos nuestra atención en acontecimientos de un carácter más orgánico, encontramos varias noticias que derivan de conflictos recurrentes en el contexto político murciano o español, o bien que, estando ligados al periodo de campaña electoral, no nacen con la intención de producir una pieza de información a difundir en medios. En este sentido, en ambos periódicos se da cobertura a una serie de eventos que reciben atención a lo largo de varios días y que sufren una evolución a ojos de la opinión pública. Estos son, principalmente, la controversia por la inclusión de personas condenadas por terrorismo en las listas de EH Bildu, un suceso que enmarcó buena parte de la campaña en el país, y las investigaciones sobre presuntas tramas de compra de votos en Melilla, Mojácar y, más tarde y dentro de la propia Región de Murcia, en Albudeite.

En cuanto al conflicto provocado por las listas de EH-Bildu, podemos señalar el efecto de nacionalización de la campaña que ejerció, además de activar un debate que, de por sí, beneficiaba a la derecha, cuestionaba las alianzas del PSOE y amplificaba un clima de opinión que había ido instalándose desde principios de año (entre otros elementos con el lema de guerrilla digital "¡Que te vote Txapote!").

Siendo las elecciones autonómicas elecciones de segundo orden es sencillo que, ante polémicas de ámbito nacional y gracias al carácter multinivel de los partidos españoles, la discusión de campaña gire en torno a cuestiones que no nacen en el propio territorio. A esto se añade un consumo informativo prioritario de medios nacionales frente a los autonómicos en muchos ciudadanos. En este caso, la decisión del voto se ve influida no solo por la valoración y las acciones de los candidatos que concurren a la Asamblea Regional, sino también por los líderes nacionales. Como ya se mencionó, la actuación de EH-Bildu coloca en una posición ventajosa al Partido Popular y a VOX, proporcionando un argumento crítico contra la política de pactos del gobierno de Pedro Sánchez. Aunque el tratamiento dado al tema por *La Opinión* (*La Verdad* omite esta cuestión de sus portadas) apunta a sus protagonistas nacionales ("Sánchez y Feijóo se enfrentan en el Senado por Bildu y ETA", 17 de mayo), los partidos pueden hacer uso de este evento en la contienda autonómica mediante la igualación del candidato regional al nacional, retratando al primero como el representante del segundo en el territorio y, por tanto, como responsable indirecto de sus decisiones.

Podemos llegar a una conclusión similar para el evento de las investigaciones sobre los casos de compra de votos que salpicaban al PSOE en Mojácar o a candidaturas progresistas en Melilla, puesto que, en un primer momento, fueron contemplados en la Región como otra cuestión de política nacional. No obstante, a los escándalos por las presuntas tramas de compra de votos en Melilla y Mojácar les siguió la aparición de un caso similar en el municipio de Albudeite, trayendo la polémica directamente al contexto regional en las últimas horas de la campaña. De entre los partidos que competían en la Región, la formación a la que más perjudicó esta polémica fue, nuevamente, el PSOE, protagonista también del caso de Albudeite (que incluía la implicación de uno de sus candidatos a la Asamblea

Regional) y afectado indirectamente en el caso de Melilla (la trama no fue orquestada ni beneficiaba al PSOE, pero implicaba a un partido socio, Coalición por Melilla). Las reacciones por parte de los demás partidos, especialmente del Partido Popular, apuntaron a la exigencia inmediata de responsabilidades a los socialistas, que trataron de destacar la rápida reacción ante estos casos, materializada en la expulsión del partido de las personas implicadas. Con todo, al destaparse la situación de Albudeite en la recta final de la campaña, los electores acudieron a votar con este caso muy presente, lo que pudo reforzar hasta convertirse en una "tormenta perfecta" la tendencia de eventos negativos para este partido desde el inicio de la campaña ("Sánchez pierde el control de la campaña ante la espiral de casos que salpican al PSOE", 26 de mayo, *La Verdad*).

Por otra parte, las decisiones sobre dos cuestiones tan típicamente conflictivas para la Región de Murcia como la política hídrica o el Mar Menor encuentran su espacio en las portadas analizadas, por ejemplo: "Por mi Región, VOX y PP evitan firmar un pacto por el Mar Menor" (17 de mayo, *La Opinión*) o "Los agricultores consideran insuficientes las ayudas del Gobierno frente a la sequía; la CHS recibe 10 millones de euros destinos a la apertura inmediata de pozos" (12 de mayo, *La Verdad*), si bien nos movemos de nuevo en un espacio cercano a la dinámica del *pseudo-evento*, en tanto las informaciones manan principalmente de declaraciones o entrevistas políticas y no de sucesos surgidos orgánicamente (como en otras ocasiones han supuesto las crisis de anoxia del Mar Menor). En este sentido, el papel del Mar Menor destaca especialmente en el diario *La Opinión*, que parece realizar un mayor esfuerzo por hacer noticiables las posturas de los distintos candidatos, extrayendo titulares en base a declaraciones sobre la laguna de entrevistas a María José Ros (24 de mayo), José Ángel Antelo (25 de mayo) y María Marín (25 de mayo). Estas entrevistas permiten detectar cómo la Ley del Mar Menor se convirtió en uno de los grandes elementos de controversia entre Vox y el PP en la campaña, por un lado, y, a la vez, entre la derecha y la izquierda (con Ciudadanos alineado en el bloque progresista en este tema).

Si previamente se ha hablado de la "nacionalización" de la campaña a propósito de la polémica con EH-BILDU, los casos de compra de votos, el enfoque de la propaganda electoral de algunos partidos o la presencia recurrente de líderes nacionales, no puede obviarse el impacto de los anuncios realizados por el Gobierno central en plena campaña ("Luz verde al programa de desalación de Ribera a cambio del recorte del Trasvase", 13 de mayo, *La Verdad*; "Plan cultural. Pedro Sánchez promete entradas de cine a 2 euros para los jubilados", 15 de mayo, *La Opinión*; el 20 de mayo el presidente anuncia una inversión de 580 millones en Atención Primaria, aunque ningún medio regional lo lleva a portada). Estos anuncios contribuyeron a fijar el foco de atención en la persona del presidente del Gobierno, lo que a su vez favorecía la apuesta de la oposición por convertir el 28M en un plebiscito sobre la figura de Pedro Sánchez.

De igual forma, los medios dieron una gran importancia a los temas de las campañas municipales, especialmente a la polémica en Murcia capital sobre el plan de movilidad y los cambios en la ordenación del tráfico. Esto hizo que la campaña autonómica quedara atrapada entre el orden nacional y el local, sin demasiado espacio para la generación de hitos decisivos propios.

Cerramos este análisis con una breve alusión comparativa al retrato de los eventos de campaña por parte de los dos diarios escogidos. Cabe plantearse la posibilidad de que el elector haya podido hacerse una idea sustancialmente diferente de la campaña y de sus eventos en función de qué diario consuma en mayor medida y, en todo caso, una referencia a las posibles diferencias en los titulares y sus acontecimientos en ambos medios puede ayudar a aclarar el panorama general de la campaña.

De los datos recogidos, no se observan diferencias sustanciales entre ambos diarios. La selección de los acontecimientos principales suele ser coincidente y las diferencias se encuentran en la cobertura de eventos secundarios o en la intensidad o frecuencia con la que se tratan algunos de los principales. Como adelantábamos en el párrafo anterior, *La Opinión* otorga más protagonismo a las declaraciones políticas relacionadas con el Mar Menor, no lleva a portada la visita de José María Aznar (pero sí el resto de visitas que también trata *La Verdad*) y tampoco la huelga de los funcionarios de Justicia. Asimismo, es mayor la atención que presta este diario a los contextos políticos locales (principalmente los de Murcia, Lorca y Cartagena) y a la política nacional. *La Verdad*, por contra, se hace eco del acontecimiento del paro en la Justicia, pero no eleva a la categoría de noticia de portada la polémica sobre las listas de EH-Bildu ningún día. Por su parte, *La Verdad* otorga gran protagonismo a los escándalos sobre compra de votos, que lleva a portada en tres ocasiones (días 19, 25 y 26) frente a una vez por parte de *La Opinión* (26 de mayo).

3. CONCLUSIONES

La campaña del 28M en la Región de Murcia estuvo marcada por eventos nacionales (escándalos de compra de votos que inicialmente no afectaban a la Región, anuncios de medidas del Gobierno de coalición, polémica sobre las listas de EH-BILDU, visita de líderes...) que contribuyeron a trasladar la idea de que esta convocatoria servía para mandar un mensaje sobre la situación política general del país. Si nos ceñimos a los eventos propiamente regionales, sin duda, cabe destacar la suspensión del debate electoral (primero en la historia democrática española que se suspende una vez iniciado) y las tensiones entre los partidos a cuenta de la Ley del Mar Menor. Por lo demás, la campaña autonómica se vio desplazada en algunos momentos por las polémicas municipales, sobre todo las relativas al plan de movilidad en Murcia.

En cualquier caso, las elecciones trascurrieron en torno a un gran punto nodal que se convirtió en una disyuntiva para los electores: ¿obtendría el PP la mayoría necesaria o se vería obligado a gobernar con VOX, como advertía la izquierda? Así, más que una tensión entre cambio o continuidad, lo que estaba por decidir era si los electores querían gobiernos en solitario o compartidos.

Capítulo 3

Seguimiento de los medios de comunicación y las redes sociales en la campaña[1]

INMACULADA MELERO LÓPEZ
MARÍA QUILES BAILÉN
MARÍA ISABEL LÓPEZ PALAZÓN

1. INTRODUCCIÓN

En las siguientes líneas se hace referencia al seguimiento de los medios de comunicación y las redes sociales realizado por la ciudadanía de la Región de Murcia para informarse sobre contenidos políticos durante la campaña de las elecciones autonómicas de 2023. Esta fase de seguimiento activo de los medios resulta fundamental según la teoría de la agenda setting, pues puede ser un indicador de una mayor predisposición a los contenidos informativos y, por tanto, un incentivo en la decisión de voto (Calvo y Aruguete, 2021). Asimismo, el seguimiento de medios se traduce en la relevancia de unos temas frente a otros, por lo que a lo largo del texto también se hace referencia a cuáles fueron los temas más destacados según los entrevistados en la campaña murciana y cuáles quedaron fuera del escenario mediático.

---

1 Los autores de este capítulo agradecen el apoyo recibido para su elaboración por parte de la Fundación Séneca-Agencia de Ciencia y Tecnología de la Región de Murcia a través de la convocatoria de Ayudas a proyectos para el desarrollo de investigación científica y técnica por grupos competitivos, incluida en el Programa Regional de Fomento de la Investigación Científica y Técnica de Excelencia (Plan de Actuación 2022). Proyecto con código de referencia 21876/PI/22, 2022-2024 y título "Polarización afectiva en la Región de Murcia. Un estudio sobre sus causas (Proyecto Polariza)".

2. SEGUIMIENTO DE LOS MEDIOS DE COMUNICACIÓN DURANTE LA CAMPAÑA

Ante la diversidad mediática y el consumo de contenidos políticos, la ciudadanía se enfrenta a diversas tipologías de medios propias del sistema mediático español catalogado como pluralista mediatizado, según la clasificación de Hallin y Mancini (2004). Desde hace unos años, el consumo se ha ido orientando hacia los medios online, en detrimento de los medios de comunicación tradicionales (Ramírez Dueñas y Vinuesa Tejero, 2020). No obstante, los medios tradicionales —prensa, radio y televisión— siguen teniendo un gran protagonismo en el escenario político, más aún cuando se trata de campañas políticas y/o electorales. El consumo de cada uno de los medios depende de diferentes factores, ya sean sociológicos, ideológicos o contextuales. A pesar de ello, la televisión se ha ubicado como el medio de comunicación por excelencia para consumir información de carácter político, y así se puede confirmar en los datos del Estudio Postelectoral de las elecciones autonómicas de 2023 en la Región de Murcia tal y como se expone a continuación.

Tabla 1. Porcentaje de uso de medios para informarse sobre política en la Región de Murcia en 2019 y 2023 (%)

	Región de Murcia 2019	Región de Murcia 2023
A través de la televisión	40,9	68,9
A través de la prensa	14,4	31,8
A través de la radio	21,1	31,4

Fuente: elaboración propia a partir de los datos obtenidos en los estudios postelectorales del CEMOP 2019 y 2023.

Si se realiza un análisis comparado de los resultados obtenidos en los estudios postelectorales elaborados por el CEMOP en 2019 y 2023, se observan diferencias significativas relacionadas con la cantidad del consumo de medios. Independientemente del tipo de medios del que se trate, los datos indican que su consumo ha aumentado considerablemente en 2023 en comparación con 2019. Si se pormenoriza por tipología de medios, la televisión, tal y como se ha mencionado previamente, adquiere un papel fundamental en el consumo de información de actualidad política en la Región de Murcia. Tal es así que su seguimiento alcanza el 68,9%, un 28% más que en las elecciones autonómicas previas. Respecto a la prensa y la radio, ambos medios mantienen un consumo similar en el caso de 2023, no obstante, si se compara con 2019, la prensa es el medio que ha experimentado un mayor uso por parte de las personas entrevistadas. En particular, el consumo de información política a través de la prensa ha ascendido cerca del 27,5%, mientras que en el caso del consumo de radio ha aumentado un 10,3%.

Entre la diversidad de consumo de información, la ciudadanía de la Región de Murcia tiene sus preferencias de cada uno de los medios analizados. En el caso de la televisión, la cadena más seguida es 7 TV, alcanzando el 31,1%, mientras que La 1 (13,9%) y Antena 3 (13,4%) se encuentran en segundo y tercer lugar, respectivamente. A más distancia se encuentran La Sexta con un 3,8% y Telecinco con un 3,4% de consumo. La principal conclusión de este resultado es que los ciudadanos de la región prefieren informarse de la actualidad política regional a través del canal autonómico, frente a los canales televisivos de índole nacional.

De manera similar sucede con el consumo de información sobre las elecciones autonómicas en el caso de la prensa, pues los dos medios más consumidos (La Verdad con un 15,5% y La Opinión con un 6,8%) son de origen regional. Solo destaca El País con un 2,1% como periódico nacional. De esta forma también se consolida La Verdad como periódico preferido por los entrevistados para informarse sobre las elecciones, incluso con cierto margen respecto al segundo más consumido y también procedente de la Región de Murcia.

En cuanto al consumo de información política a través de la radio, las emisoras más utilizadas son La Cope (9,8%) y SER (9,6%). A más distancia se encuentran Cadena 5 RNT (3,8%), Onda Cero (3%) y Onda Regional (2%).

Tanto en la prensa como en la radio resulta reseñable la diferencia de seguimiento informativo en comparación con la televisión y con las redes sociales como medio de referencia en la actualidad, sobre todo en aquel sector más joven de la población. En el caso de la prensa, el 67,4% de los entrevistados y el 67,8% en la radio, dicen no usar tales medios para seguir noticias electorales. Este resultado se reduce considerablemente en la televisión que alcanza el 30,7% y el 26,7% en las redes sociales.

Además, con relación al consumo de medios, resulta preciso hacer mención a la exposición selectiva, una de las teorías clásicas que explica por qué los individuos se decantan por unos medios y no de otros para consumir información. La exposición selectiva afirma que el consumo de medios se encuentra determinado por las predisposiciones de la audiencia que tienen como fin confirmar o reforzar sus opiniones a partir de los contenidos mediáticos (Humanes, 2014). Esta predisposición se fortalece en el caso de la televisión, pues tal y como lo afirmó Stroud (2008) en su estudio sobre la campaña presidencial de Estados Unidos en 2004, se trata de un medio que está más determinado por las predisposiciones políticas en comparación con el resto. En base a esta teoría, podemos afirmar que la ciudadanía de la Región de Murcia consumió información de actualidad política durante la campaña de acuerdo con sus preferencias, actitudes y predisposiciones previas.

Para el 38,5% de los votantes del PP de las últimas elecciones autonómicas, el 25,2% de los votantes del PSOE y el 36,8% de los de Vox, la cadena de televisión más consumida fue 7 TV, mientras que el 21,1% de los votantes de Ciudadanos y el 20% de los de Podemos prefirieron seguir la campaña electoral a través de La 1. Si se valora el consumo de prensa y el voto, son los votantes del PP (21,7%) y los de Unidas Podemos (20%) los que tienen una mayor preferencia para seguir los contenidos sobre las elecciones a través de La Verdad. Los votantes del PSOE (11,8%) y los de Ciudadanos (15,8%) prefieren seguir la información política a través de La Opinión en comparación con el resto de las formaciones políticas. En el caso de la radio, el 21,1% de los que votaron a Vox en las elecciones autonómicas del 28M y el 14,6% de los que votaron al PP, escucharon La Cope, mientras que el 23,3% de los que votaron a Unidas Podemos y el 21,3% de los que votaron al PSOE se decantaron por la emisora SER para seguir las noticias de actualidad electoral.

Además, si se tiene en cuenta la autoubicación ideológica, se observa que, de manera general, todos los tramos prefieren 7 TV para informarse sobre las elecciones del 28M, aunque aquellos que van del 5 al 10 presentan los datos más elevados de preferencia de tal canal, presentando un aumento paulatino. De esa forma, el 26,6% de los entrevistados que se sitúa en el 5 sigue la campaña a través de 7 TV, el 38,8% se ubica en el 6, el 39,3% se identifica en el tramo 7 y 8 y, finalmente, el 44,3% se ubica en el tramo 9 y 10 de la ideología. En el caso del consumo de Antena 3 sucede de manera similar, aunque el punto más alto (20%) se encuentra en el tramo 7 y 8 de la ideología. En cuanto a La 1 se observan ciertas diferencias en comparación con los canales anteriores, pues los datos de preferencia por este canal televisivo muestran un ascenso en los tramos que van del 3 al 5 con un 15,9% y en el tramo 1 y 2 con un 17,8% de encuestados. Si bien en la televisión se puede observar cierta relación entre la autoubicación ideológica del entrevistado y el consumo de información política, no se puede concluir lo mismo en el caso de la prensa, ya que el consumo de información no presenta diferencias significativas entre los medios más utilizados y los tramos de autoubicación ideológica siendo muy similares entre sí. No obstante, en la radio se refleja una pauta de comportamiento con bastantes similitudes a la de la televisión, es decir, la autoubicación de los entrevistados sí muestra una línea ascendente según el medio más consumido. De esa forma, los encuestados que se ubican entre los tramos 5 y 10 prefieren informarse a través de La Cope, mientras que los que se sitúan entre los tramos 1 y 5 se decantan por la emisora SER. Por tanto y tal y como se ha mencionado previamente, se puede observar la relación que existe entre las predisposiciones personales y el consumo de información mediática que menciona la teoría de la exposición selectiva en la Región de Murcia.

Tabla 2. Análisis de los medios más consumidos según edad, sexo y participación en las elecciones autonómicas del 28 de Mayo de 2023 (%)

		Edad				Sexo		Participación	
		18-29	30 a 44	45 a 64	65 y más	Hombre	Mujer	Votó	No votó
Televisión	**La 1**	10,5	7,5	14,0	20,6	11,6	16,4	14,7	9,1
	Antena 3	11,8	11,3	16,1	11,6	15,2	11,5	13,9	10,1
	7 TV	32,9	22,5	33,2	34,4	32,2	29,9	32,5	22,2
Prensa	**La Verdad**	14,5	15,0	14,0	18,5	20,1	10,6	16,3	10,1
	La Opinión	11,8	7,5	5,9	5,3	7,7	5,7	6,5	8,1
Radio	**La Cope**	1,3	10,0	12,9	8,5	15,7	3,7	10,9	3,0
	SER	9,2	7,5	7,7	14,3	11,0	8,0	10,3	5,1

Fuente: elaboración propia a partir de los datos obtenidos en el estudio postelectoral del CEMOP 2023.

Las variables sociológicas como el sexo y la edad tienen un papel fundamental a la hora de consumir información política a través de los distintos medios. Si se atiende a la edad entre los medios de televisión, se observa que tanto Antena 3 como 7 TV mantienen unos porcentajes similares en las distintas franjas, mientras que en La 1 las edades de más consumo se centran en los 45 a los 65 y más. Este hecho se replica en el caso de La Verdad y SER, pues son los dos medios que presentan un mayor consumo en los entrevistados de 65 y más años. En el caso de La Opinión, los jóvenes de 18 a 29 años son quienes más consumen información política de dicho medio. Respecto a la radio, La Cope encuentra su mayor éxito entre los entrevistados de 30 a 44 (10%) y 45 a 64 (12,9%) años y SER alcanza su mejor cifra entre los jóvenes de 18 a 29 años (9,2%).

En cuanto al sexo, se observa que los hombres tienen un consumo más activo sobre información de las elecciones en todos los medios de comunicación más destacados, salvo en el caso de La 1 donde las mujeres realizan un mayor seguimiento de las noticias. En algunos casos, como en La Verdad o en La Cope, las diferencias de consumo entre hombres y mujeres son más destacadas.

Finalmente, se tiene en cuenta el consumo de información electoral y si los entrevistados acudieron a las urnas. Los datos apuntan a que existe una relación positiva entre el voto y el consumo de información en cuanto a que los porcentajes de seguimiento de contenidos mediáticos fue mayor entre quienes votaron. Pese a ello, destaca La Opinión donde es mayor el número de personas que consumieron información de dicho medio que no votaron (8,1%) frente a los que sí votaron (6,5%).

3. SEGUIMIENTO DE LA CAMPAÑA A TRAVÉS DE LAS REDES SOCIALES

En cuanto al seguimiento de las elecciones a través de redes sociales, el 26,7% de los ciudadanos de la Región de Murcia asegura no informarse a través de redes, siendo estos en su gran mayoría personas de 65 años y más. Es por esto que las redes online se definieron hace más de una década como un fenómeno expansivo que constituye para la juventud una herramienta comunicativa e interactiva de primer orden (Merino, 2011). Sin embargo, con el paso del tiempo, la ciudadanía de más edad y no solamente la adolescente, ha empezado a hacer uso de las redes, siendo estos usuarios los encargados de difundir cualquier tipo de información, desde la más objetiva hasta la más distorsionada (García Guerrero, 2019).

Los perfiles más frecuentados durante la campaña electoral del 28M son los de los medios de comunicación con un 22,4%, seguido por los perfiles de partidos o candidatos (15,5%) y, a más distancia, los perfiles de *influencers* que tratan cuestiones políticas (3,2%). Todos los rangos de edad prefieren consumir información a través de los perfiles de los medios de comunicación, y, en el caso de los más jóvenes (18 a 29 años), también realizan un consumo de información considerable a partir de perfiles de partidos o candidatos (25%). De nuevo, por grupos etarios, es la población de entre 18 a 44 años la que en mayor medida utiliza estos *influencers* como canal comunicativo y, por tanto, los partidos aumentan sus posibilidades de construir mensajes a través de esta intermediación generando una imagen de credibilidad (Reges, 2021).

Tabla 3. Uso de perfiles en redes sociales, según edad (%)

	Edad				
	18-29	**30 a 44**	**45 a 64**	**65 y más**	**Total**
Perfiles de partidos o candidatos	25,0	16,3	16,1	10,1	15,5
Perfiles de medios de comunicación	27,6	33,8	21,7	11,6	22,4
Perfiles de influencers que opinan sobre política	6,6	5,6	1,7	2,1	3,2
Otro tipo de perfiles	1,3	1,3	0,0	0,5	0,6
Ninguno de los anteriores (utilizó redes sociales)	32,9	36,9	38,8	15,3	31,5
No utilizo redes sociales	5,3	6,3	21,7	60,3	26,7
NS	1,3	0,0	0,0	0,0	0,1
Total	100,0	100,0	100,0	100,0	100,0

Fuente: *elaboración propia* a partir de los datos obtenidos en el estudio postelectoral del CEMOP 2023.

Por otro lado, resulta destacable el porcentaje de individuos con estudios universitarios (26,9%) que se informan a través de perfiles de medios de comunicación frente a aquellos que no tienen redes sociales. En este caso, se observa cómo los entrevistados que no poseen estudios o poseen estudios primarios y/o secundarios, es decir, aquellos que no tienen estudios universitarios, no utilizan las redes sociales en mayor medida (30%) que aquellos individuos que tienen estudios universitarios (20,1%). Por tanto, existe una diferencia de diez puntos porcentuales con aquellos que tienen un perfil más cualificado, que a la vez utilizan más las redes sociales para informarse de los asuntos políticos.

Así mismo, un 31,5% de los ciudadanos de la Región de Murcia que consumen información electoral dicen hacerlo a través de redes sociales, pero no mediante ninguno de los perfiles mencionados. Este sector civil se caracteriza por ser un electorado femenino, indeciso y abstencionista con una marcada ideología conservadora. Por último, un 0,6% de los encuestados señalan que, durante la campaña electoral de las elecciones a la Asamblea Regional de Murcia, se informaron a través de otro tipo de perfiles, como los de cuentas institucionales, por ejemplo, los Ayuntamientos; o a través de sus propios seguidores de las redes sociales, ya sean personales o de base asociativa como por ejemplo Ecologistas en Acción.

4. TEMAS MÁS DEBATIDOS POR LOS PARTIDOS Y CANDIDATOS EN CAMPAÑA

Más allá de los estudios sobre la agenda setting que parten de la hipótesis de que los temas destacados por los medios acaban siendo los que más preocupan a la ciudadanía y condicionan, en cierto modo, los contenidos de la agenda política (Humanes y Moreno, 2012), en este trabajo se analiza cuál era la percepción del electorado murciano sobre los temas más debatidos en campaña por los medios y por los propios candidatos.

Debido al diseño del cuestionario, se trabaja concretamente sobre la importancia percibida por los encuestados de los temas principales a través de los medios tradicionales de comunicación, donde cada persona entrevistada debía señalar un solo tema como el más debatido durante la campaña electoral. A partir de esa pregunta obtuvimos un listado con veintiún temas, resultantes de las respuestas de carácter variado, aunque solo hemos tenido en cuenta para el análisis los cuatro que obtuvieron porcentajes más significativos.

Según la percepción general del electorado de la Región de Murcia, las cuestiones más tratadas por los medios de comunicación durante la campaña del 28M fueron, por orden de importancia, las relacionadas con el agua y trasvase (14,2%) en primer lugar, a continuación, los temas referentes al Mar Menor (12,7%) y para finalizar, pero ya a bastante distancia, fue el de las candidaturas de EH Bildu (6,3%).

La importancia de temas como el agua y el trasvase tiene su lógica en una Región donde el sector económico agrícola da empleo a un 11,2% de la población, casi tres veces por encima de la media española (situada en un 4,2%)[2] y donde el conflicto del agua, acentuado por la escasez estructural de recurso hídricos y el recorte del trasvase Tajo-Segura, supone una preocupación constante para los habitantes de la Región de Murcia. En lo que respecta a la percepción de la importancia de temas relacionados con el Mar Menor, habría que tener en cuenta que, meses previos a las elecciones regionales y autonómicas, concretamente en octubre de 2022, después de una gran movilización vecinal producida por el deterioro de este espacio natural, se aprobó una Iniciativa Legislativa Popular que consiguió el reconocimiento de personalidad jurídica al Mar Menor.

Por último, entre los temas destacados solo aparece uno que puede ser considerado como "crónico" o de carácter recurrente según la clasificación de Tamayo y Carrillo (2005: 665) en cuanto a su relación con el terrorismo, y es el de las candidaturas presentadas por EH Bildu en varios municipios del País Vasco conformadas por condenados de la banda terrorista ETA. Los resultados de esta encuesta demuestran que, mayoritariamente, nos encontramos con respuestas relacionadas con asuntos que afectan directamente la vida cotidiana del electorado de la región murciana, (agua, trasvase, Mar Menor) quedando como temas secundarios los denominados de campaña, que en muchos caso son de carácter más generalista (Humanes y Moreno, 2012).

Un último dato que consideramos reseñable es que, uno de cada tres ciudadanos de la región no conoce o no se ha pronunciado sobre cuál es el tema más debatido por partidos y candidatos durante la campaña.

Haciendo el análisis de temas por votantes de los cuatro principales partidos, el agua y el trasvase (24,4%), seguido del Mar Menor (21,1%), fueron los asuntos más debatidos en la campaña de Vox, lo que nos indica que casi la mitad de los votantes de esta formación (45,5%) perciben que los temas más relevantes son los relacionados con agricultura y medio ambiente. Sin embargo, este porcentaje se

---

2 Fuente: Estadística agraria de Murcia 2020/21. Disponible: descarga (carm. es)

reduce a solo uno de cada cuatro votantes en el resto de las formaciones (PP: 26,5%, PSOE: 25,2% y UP: 23,4%).

Gráfico 1. Tema más debatido por los partidos a partir del análisis de los medios de comunicación, según voto en las elecciones autonómicas del 28 de mayo (%)

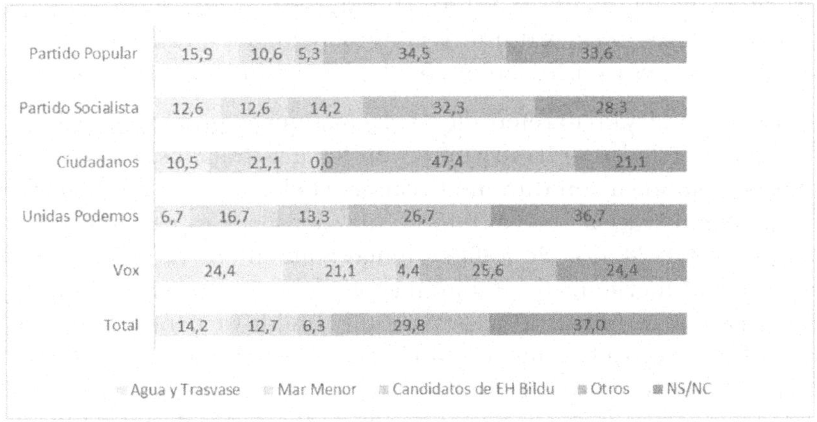

Fuente: *elaboración propia* a partir de los datos obtenidos en el estudio postelectoral del CEMOP 2023.

5. CONCLUSIONES

El consumo de información política a través de los medios de comunicación es uno de los principales medidores para conocer qué tipo de información se consume y, sobre todo, cómo se hace. En esta ocasión se observa que la televisión, en cuanto a medios tradicionales, continúa siendo el más utilizado en comparación con la prensa y la radio. Estos dos últimos medios se ubican en un segundo y tercer nivel de consumo, manteniendo el mismo descenso progresivo que se presentaban en el estudio postelectoral de 2019 en la Región de Murcia. Además, el acceso a la información y la era digital en la que nos encontramos incentivan que tales medios puedan pasar a ocupar un papel menos protagonista en detrimento de los medios *online.*

La mayoría de los ciudadanos de la Región de Murcia utilizan las redes sociales para informarse de los asuntos políticos durante las elecciones regionales de 2023, aunque en mayor medida se han informado a través de perfiles de medios de comunicación, seguido de perfiles de candidatos y partidos políticos; y por último, de *influencers*. Es un perfil cualificado y joven el que se informa a través de medios de comunicación, así como es un perfil joven aquel que se informa a través de partidos y/o candidatos e *influencers*. Además, tres de cada 10 encuestados se informan a través de redes sociales, pero mediante otros perfiles distintos a los mencionados, este electorado se caracteriza por ser femenino, de derechas e indeciso.

Finalmente, y en lo referente a los temas que, según la percepción de los encuestados, se convirtieron en los más tratados por los medios de comunicación durante la campaña electoral del 28 de mayo en la Región Murcia, los más importante fueron, en este orden: agua, trasvase y Mar Menor. Se trata de temas eminentemente regionales, siendo el primer tema de ámbito nacional el referido la inclusión de candidaturas por parte de la formación EH Bildu de condenados por terrorismo, pero a bastante distancia de los anteriores. Esto nos lleva a la conclusión de que la ciudadanía, cuando el proceso electoral del que se trata es de ámbito autonómico o regional, tiene la percepción de que los asuntos que más se repiten en los medios son los que les afectan directamente. Sería interesante a la hora de ampliar este estudio, el contrastar si, tal y como señala McCombs (2204: 60), la experiencia personal y la cercanía pueden actuar, de algún modo, como variables moderadoras del efecto agenda setting.

Capítulo 4

Elecciones autonómicas en la Región de Murcia 2023: seguimiento e impacto del debate electoral

ANA MILLÁN JIMÉNEZ
MARÍA BELÉN GARCÍA-PALMA

1. LOS DEBATES ELECTORALES EN TELEVISIÓN

El primer debate televisado en España data de mayo de 1993. Se realizó en Antena 3, y fue un cara a cara entre el que entonces era presidente del Gobierno, Felipe González, y el líder de la oposición, José María Aznar. A la semana siguiente se repite el debate con los mismos protagonistas, pero esta vez en Telecinco. Así se produjo el arranque de los debates en televisión en nuestro país, inaugurando una nueva forma de hacer política, en la que se busca implicar al elector y generar una opinión sobre propuestas y candidatos (Proaño, 2002). Se consolida y da forma a una novedosa manera de modernizar y personalizar las campañas electorales.

No obstante, tuvieron que pasar 15 años hasta que vuelva a emitirse un debate electoral en televisión. El 25 de febrero de 2008, la Academia de Televisión enfrenta a José Luis Rodríguez Zapatero y a Mariano Rajoy. Tras ese gran lapsus de tiempo sin debates, asistimos a una reactivación y concentración de estos. A partir de entonces, y hasta la fecha, se harán cada vez que hay cualquier convocatoria de elecciones.

El avance de ese modo de hacer campaña coincide con el cambio que se produjo en un panorama político ciertamente convulso, que concluye con la repetición de elecciones y mociones de censura que desembocan en nuevas elecciones (2016-2019), y todo ello en un contexto muy fragmentado en el que aparecen y cobran protagonismo nuevas formaciones de partidos con representación tanto en el Parlamento, como en la Asamblea Regional (Bustos Díaz y Ruiz del Olmo, 2017, p. 248)

Pero ese no es el único cambio importante, también hemos asistido a una gran transformación en los formatos y medios de comunicación (llegada de la TDT, proliferación de canales, expansión de Internet, aparición de redes sociales, auge de las diferentes plataformas, etc.) que ofrecen un amplio abanico de posibilidades para acceder a cualquier información. Todo ello afecta a este tipo de debates electorales que ven cómo desciende su audiencia, aunque, en general, siguen manteniendo una elevada cuota de pantalla, especialmente los que se emiten con motivo de unas elecciones generales y, sobre todo, los que enfrentan a los candidatos a la presidencia del Gobierno. Programas que llegan a segmentos del electorado que normalmente no se interesan por la información política, como es el caso de los votantes indecisos.

Sin embargo, esto no fue lo que sucedió en el debate de las elecciones autonómicas a la Asamblea Regional del 28 de mayo de 2023, organizado por el Colegio Oficial de Periodistas de la Región de Murcia y emitido por la 7 TV el 19 de mayo, ya que el 84,2% de la población afirma que no lo siguió y únicamente un 15,3% lo vio, es decir, tuvo un escaso seguimiento por parte de la audiencia.

Además, suele suceder que tras esos eventos se genera toda una información mediática, que provoca la propia discusión política entre la ciudadanía. Lo que se denomina el *spin* del debate, esto es, "el debate sobre el debate", que puede estar distorsionado por el análisis posterior de los medios de comunicación. En realidad el objetivo del s*pin* es fijar la agenda posterior al debate e influir en la interpretación mediática que se haga de éste (Garrido Rubia y Sierra Rodríguez, 2013, p. 307).

En el caso que nos ocupa, se trataba del único debate electoral en el que participaban los candidatos a la Presidencia de la Región de Murcia y la información política mediada giró, fundamentalmente, sobre la cancelación del debate durante su desarrollo ante la imposibilidad de dar cumplimiento al mandato de la Junta Electoral Central, que obligaba a que la candidata de Podemos, María Marín, cediera paso a mitad del tercer bloque temático a la candidata de Más Región, Helena Vidal.

Concretamente, el mandato de la Junta Electoral decía que no podía haber al mismo tiempo un representante de Podemos-IU-V-Alianza Verde y otro de Más Región-Equo, (al haber concurrido algunas de estas formaciones en la misma candidatura) pues ello suponía que la coalición menos votada de 2019 tendría en el debate a dos representantes, en tanto que los partidos más votados mantendrían un solo representante. Por lo que en la primera parte del debate debía comparecer un único representante de Podemos-IU-V-Alianza Verde y en la segunda parte uno de Más Región-Equo. Pero como ya se ha mencionado, María Marín se negó a abandonar el plató por lo que tuvo que suspenderse el debate. Está fue realmente la noticia principal. El suceso que dejó muy en segundo plano a todo lo demás y en lo que se concentró la mayor parte de la información y seguimiento posterior a su emisión.

En definitiva, un debate que se caracterizó por lo anecdótico de su cancelación y que, como se va a ver en los siguientes epígrafes, no gozó de grandes audiencias y, por tanto, carente de consecuencias relevantes.

2. ¿SEGUIMIENTO DEL DEBATE ELECTORAL?

Tal y como ya se ha indicado el seguimiento del debate fue muy exiguo. Tan sólo el 15,3% de la población murciana lo siguió. Ni siquiera aquellas personas que sí que votaron tuvieron interés en verlo, únicamente el 17% de los que sí emitieron su voto optaron por seguirlo. Como es lógico, mucho más desinterés manifiesta quienes ni tan siquiera participaron en las elecciones porque se abstuvieron. En esta ocasión, el 93,9% de quienes no votaron tampoco lo vieron, pero es que tampoco lo hicieron el 82,7 % de quienes sí emitieron su voto. Es decir, si atendemos a la variable de participación en las elecciones autonómicas (tabla 1) es evidente la poca expectativa y seguimiento que generó la emisión televisiva del debate de todos los candidatos a la Presidencia de la Comunidad Autónoma de la Región de Murcia.

Tabla 1. Seguimiento del debate según participación elecciones autonómicas a la Asamblea Regional del 28 de mayo de 2023 (%)

	Votó	No votó	Global
Sí	17,0	5,1	15,3
No	82,7	93,9	84,2
NS/NC	0,4	1,0	0,4
Total	100,0	100,0	100,0

Fuente: elaboración propia a partir de los datos obtenidos en el Estudio Postelectoral del CEMOP 2023 – Elecciones Autonómicas Región de Murcia 20233.

Analizando las cuotas de seguimiento vemos que los hombres estuvieron algo más motivados que las mujeres (gráfico 1). Los datos obtenidos en el informe postelectoral realizado por el CEMOP (2023) el 19,6% de los varones tuvieron la curiosidad de seguirlo, frente al 10,9% de las mujeres. Ambos porcentajes muestran una diferencia en este sentido por género, aunque lo más relevante es que realmente, no interesó.

Gráfico 1. Seguimiento del debate por género (%)

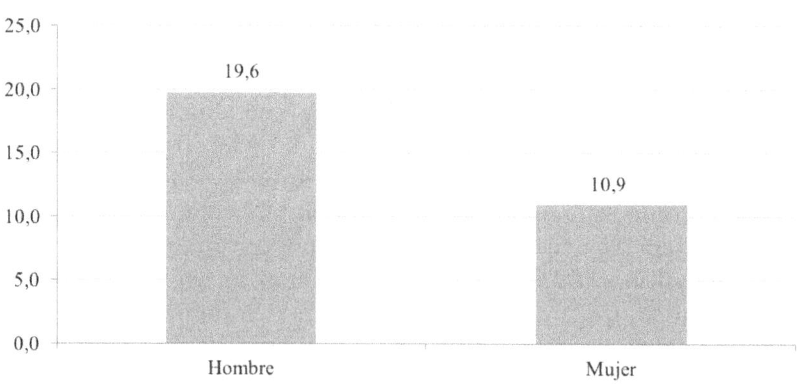

Fuente: elaboración propia a partir de los datos obtenidos en el Estudio Postelectoral del CEMOP 2023 – Elecciones AutonómicasRegión de Murcia 2023.

Por otra parte, es destacable el aumento del seguimiento del debate en los jóvenes. En concreto el segmento de edad de 18 a 29 años (por tanto, se incluye votantes nóveles), es el segundo grupo en cuanto a porcentaje de seguimiento en el debate de televisión celebrado el 28 de mayo, sólo detrás del grupo de edad de más de 64 años. Estos datos coinciden con los obtenidos en otras emisiones de actos electorales de este tipo, especialmente en los que participan los candidatos a la presidencia del Gobierno. Por ejemplo, en las elecciones generales 2019, en la emisión de Antena 3 el colectivo más joven fue el público mayoritario, con un 30,2% de cuota de pantalla sobre un cómputo total de un 27,2%. Es decir, se mantiene el interés entre la población joven por seguir este tipo de actos de campaña. Aunque también es cierto que esos porcentajes suelen disminuir considerablemente en los debates con otros representantes de las formaciones políticas.

En definitiva, la conclusión es que dentro del poco éxito que tuvo esta emisión, los televidentes de más edad y los más jóvenes (ambos extremos) fueron los más interesados en seguirlo (gráfico 2), confirmando esa tendencia entre el electorado de menos edad.

Gráfico 2. Seguimiento del debate por grupos de edad (%)

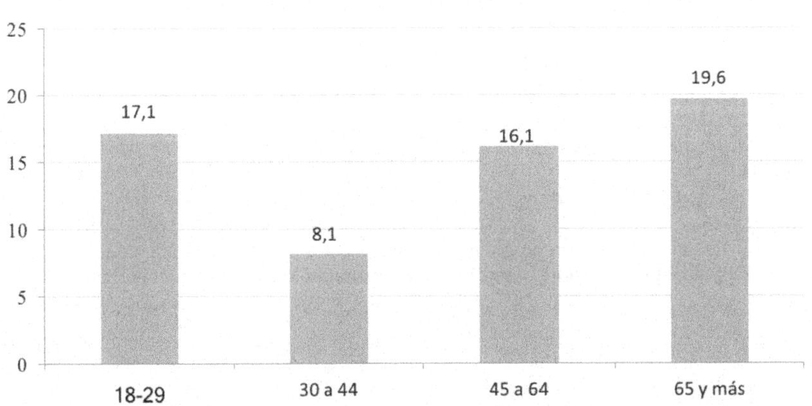

Fuente: elaboración propia a partir de los datos obtenidos en el Estudio Postelectoral CEMOP – Elecciones Autonómicas Región de Murcia 2023.

También se polarizó la audiencia según posicionamiento ideológico y recuerdo de voto (gráficos 3 y 4). Serán los extremos ideológicos los que marcan los mayores índices, y según el recuerdo de voto los votantes de UP y Vox los que ocupen las posiciones 2 y 3 respectivamente. En esta ocasión son quienes recuerdan haber votado al PP (partido que preside el gobierno de la Comunidad) quienes con un 21,2% ocupan la primera posición. De este modo se cumple otra de las premisas del análisis del seguimiento de los debates televisados, que se comprobará en el siguiente apartado, y es que una de las funciones esenciales que cumplen los debates en las campañas electorales desde el punto de vista de la decisión de voto es la de refuerzo del electorado, además de un mayor conocimiento de los candidatos, al margen del impacto que puedan o no ejercer en el electorado indeciso.

Gráfico 3. Seguimiento del debate según posicionamiento ideológico (siendo 1 extrema izquierda y 10 extrema derecha)

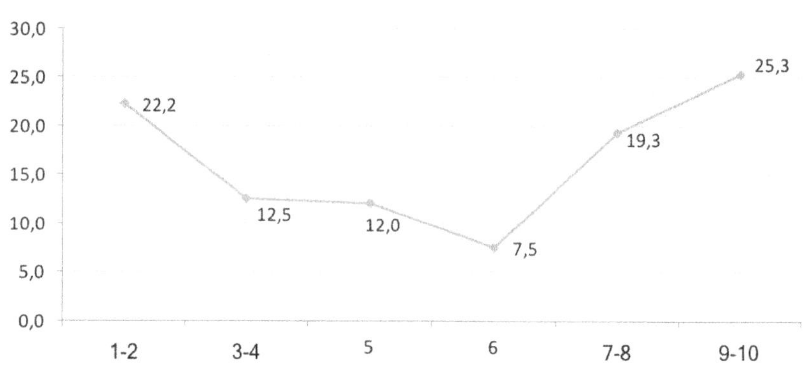

Fuente: elaboración propia a partir de los datos obtenidos en el Estudio Postelectoral CEMOP – Elecciones Autonómicas Región de Murcia 2023.

Gráfico 4. Seguimiento del debate según recuerdo de voto elecciones autonómicas a la Asamblea Regional del 28 de mayo (%)

PP	PSOE	Cs	UP	Vox	Movimiento Ciudadano	Otros/En blanco
21,2	15,7	10,5	20,0	18,9	10,0	11,5

Fuente: elaboración propia a partir de los datos obtenidos en el Estudio Postelectoral CEMOP – Elecciones Autonómicas Región de Murcia 2023.

3. IMPACTO DEL DEBATE ELECTORAL

Entre las diferentes teorías que investigan las campañas electorales parece haber acuerdo sobre el hecho de que los debates televisados tienen efectos políticos entre el público, sin embargo, no lo hay tanto a la hora de determinar cuál es realmente el potencial impacto que pueden llegar a tener (Canel, 1998, p. 62).

Sí que hay coincidencia en afirmar que uno de los efectos inmediatos tiene que ver con las percepciones sobre el ganador del debate. Generalmente, se prevé que estos veredictos estén afectados por las predisposiciones ideológicas y que lo que realmente se produce aquí es un proceso de percepción selectiva (Marín, 2003, p. 212). También hay acuerdo en afirmar que puede afectar a la opinión del electorado sobre los propios candidatos (el nivel de popularidad, etc.), a la vez que supone una buena ocasión para ofrecer a la audiencia un conocimiento de las discusiones sobre las temáticas que se plantea. En este sentido los partidos aprovechan esas plataformas para exponer a la opinión pública las cuestiones en los que se sienten más fuertes, o que perciben más débiles a sus oponentes.

Sin embargo, no hay acuerdo en establecer el nivel de influencia en la actitud de los votantes, aparte de reforzar las preferencias que ya tienen. Se especula con que este tipo de actos electorales no generan efectos realmente significativos en la materialización final del voto, sino que únicamente producen un refuerzo de las posiciones previas a la visualización del debate. Es decir, reafirman decisiones ya adoptadas.

Por otra parte, hay quienes opinan que no hay que minimizar las posibles consecuencias que pueden tener los debates, especialmente si se dan ciertas circunstancias electorales tales como que existan un volumen significativo de indecisos, o que la contienda electoral se presente muy competitiva y ajustada (Díez Nicolás y Semetko, 1995, p. 244). En esos casos, coinciden en que los efectos en el electorado pueden llegar a ser importantes.

En el acto de campaña que nos ocupa estaríamos situados en la primera de las opciones que se han mencionado, sobre el potencial impacto del debate (gráfico 5), ya que el 63,3% asegura que no le influyó en absoluto a la hora de votar, y el 28,4% que reforzó su decisión de votar por el partido que ya tenía decidido antes de ver el debate. Tan sólo a un somero 2,8% le ayudó a decidir su voto. La conclusión que arrojan estos porcentajes, si seguimos las perspectivas teóricas citadas anteriormente, es que la ciudadanía murciana tenía bastante clara su opción política y, por lo tanto, las expectativas sobre el debate eran mínimas.

Gráfico 5. Impacto del debate en la participación de las elecciones autonómicas a la Asamblea Regional del 28 de mayo de 2023 (%)

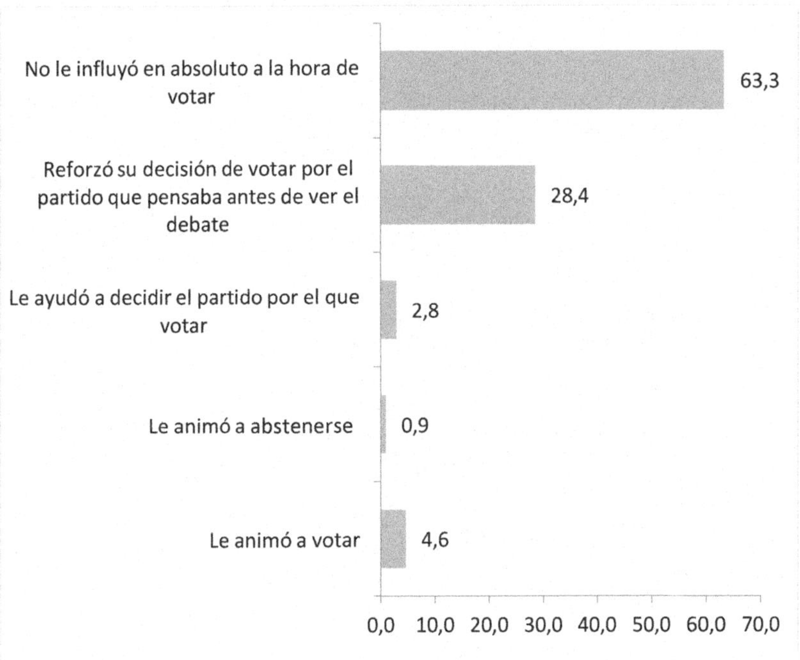

Fuente: elaboración propia a partir de los datos obtenidos en el Estudio Postelectoral CEMOP – Elecciones Autonómicas Región de Murcia 2023.

Si analizamos estos datos según género observamos que son los hombres los que más decidido tenían su voto, puesto que el 73,7% de los que lo vieron afirman que no les influyó en nada, y que al 18,4% sólo le sirvió para reforzar su opción. En el caso de las mujeres el porcentaje de las que aseguran que no les influyó en absoluto, aunque es mayoritario, desciende a un 57,7%, mientras que aquellas que dicen que les sirvió para reforzar sus posiciones asciende al 33,8%. En cualquier caso, y para ambos colectivos, el debate no influyó para modificar ni decidir su voto, tan solo para ratificarlo.

Gráfico 6. Impacto del debate en la participación de las elecciones autonómicas a la Asamblea Regional del 28 de mayo de 2023, por género

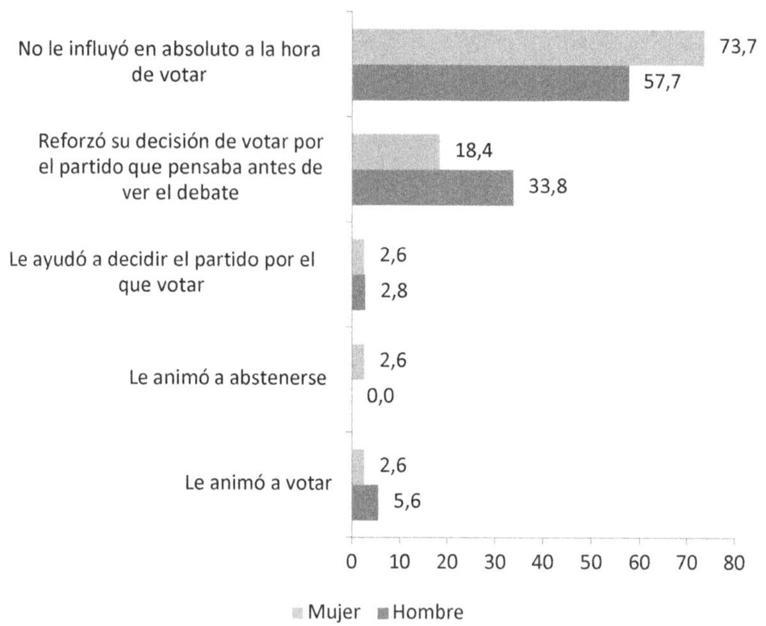

Fuente: elaboración propia a partir de los datos obtenidos en el Estudio Postelectoral CEMOP – Elecciones Autonómicas Región de Murcia 2023.

El efecto del debate en la audiencia por grupos de edad tampoco es relevante (tabla 2), especialmente entre los mayores de 64 años se confirma que no tuvo ninguna influencia (86,5%), y que al grupo de los más jóvenes (18-29 años) les ayudó a reforzar su voto en un 53,8%, mientras que a un 38,5% no les influyó en absoluto. En este caso, será en el segmento de población situado entre los 30 y 44 años entre quienes encontramos una mayor variación en cuanto al efecto sobre su voto, porque a un 15,4% le ayudó a decidir y a un 7,7% le animó a votar. No son porcentajes muy elevados, pero sí que adquieren cierta significación si se analizan comparativamente con las respuestas del resto de los grupos de edad.

Tabla 2. Impacto del debate en la participación de las elecciones autonómicas a la Asamblea Regional del 28 de mayo de 2023, por grupos de edad (%)

	18-29	30 a 44	45 a 64	65 y más
Le animó a votar	7,7	7,7	6,5	0,0
Le animó a abstenerse	0,0	0,0	2,2	0,0
Le ayudó a decidir el partido por el que votar	0,0	15,4	2,2	0,0
Reforzó su decisión de votar por el partido que pensaba antes de ver el debate	53,8	30,8	32,6	13,5
No le influyó en absoluto a la hora de votar	38,5	46,2	56,5	86,5
Total	**100,0**	**100,0**	**100,0**	**100,0**

Fuente: elaboración propia a partir de los datos obtenidos en el Estudio Postelectoral CEMOP – Elecciones Autonómicas Región de Murcia 2023.

Siguiendo la variable de posicionamiento ideológico será a quienes se posicionan más a la izquierda a quienes menos les influyó el debate (30%) pero, a su vez, a quienes más les sirvió para asentar su elección (60%). Las personas que se identifican con posiciones ideológicas más a la derecha, las más moderadas tanto de izquierdas como de derechas (especialmente a éstas) y las más centristas dicen que tampoco les influyó en absoluto, en un porcentaje superior al 50% en todos los casos. Por tanto, es la extrema izquierda la que afirma, al responder en un 69%, que el debate le sirvió para corroborar la decisión de votar por el partido que ya tenía decidido antes del debate. La curiosidad de estos últimos datos es que fue precisamente la candidata de Podemos, María Marín, quien al negarse a abandonar el plató, cosa que indicaba la Junta Electoral que debía hacer, causó su interrupción y siguiente cancelación del mismo. Sin embargo, este posicionamiento de la candidata de Unidas Podemos fue valorado positivamente por su electorado, el cual señala en un 83,3% de los casos que reforzó su decisión de voto.

Tabla 3. Impacto del debate en la participación de las elecciones autonómicas a la Asamblea Regional del 28 de mayo de 2023, según posicionamiento ideológico (%)

	1-2	3-4	5	6	7-8	9-10
Le animó a votar	0,0	9,1	3,6	0,0	10,7	0,0
Le animó a abstenerse	10,0	0,0	0,0	0,0	0,0	0,0
Le ayudó a decidir el partido por el que votar	0,0	9,1	0,0	0,0	3,6	0,0
Reforzó su decisión de votar por el partido que pensaba antes de ver el debate	60,0	18,2	21,4	20,0	28,6	35,0
No le influyó en absoluto a la hora de votar	30,0	63,6	75,0	80,0	57,1	65,0
Total	**100,0**	**100,0**	**100,0**	**100,0**	**100,0**	**100,0**

Fuente: elaboración propia a partir de los datos obtenidos en el Estudio Postelectoral CEMOP – Elecciones Autonómicas Región de Murcia 2023.

Gráfico 7. Impacto del debate en la participación de las elecciones autonómicas a la Asamblea Regional del 28 de mayo de 2023, según recuerdo de voto

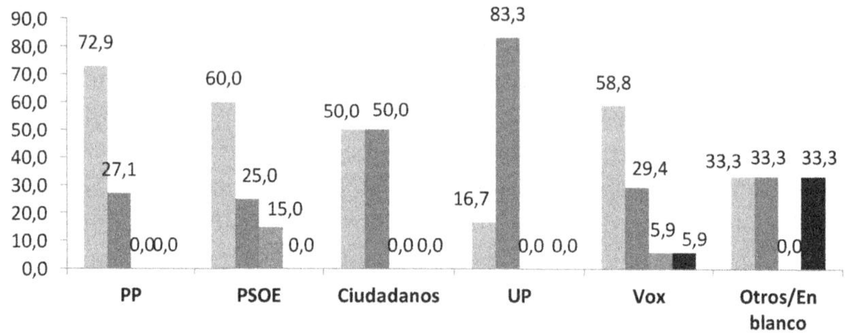

Fuente: elaboración propia a partir de los datos obtenidos en el Estudio Postelectoral CEMOP – Elecciones Autonómicas Región de Murcia 2023.

4. ACTIVIDAD POLÍTICA DE LA AUDIENCIA POSTERIOR AL DEBATE

En el apartado anterior se ha planteado que el impacto que produjo el debate de los líderes y candidatos de los diferentes partidos que optaban al gobierno de la Comunidad Autónoma de la Región de Murcia, se centró fundamentalmente en el refuerzo del voto ya decidido, es más, que a la mayor parte del electorado no le influyó para nada. Confirmando esa misma tendencia se comprueba que la falta de interés que se constata en su seguimiento continúa en la actividad posterior a la emisión de este. Tal y como se muestra en la siguiente tabla, más del 92% de la audiencia no llevó a cabo ningún tipo de actividad política, ni quienes votaron ni quienes no lo hicieron, en ninguno de los casos llevaron a cabo ninguna acción relacionada con el debate, ni con lo que en él había sucedido, ni sobre su contenido temático, ni sobre el comportamiento de sus protagonistas, en ninguna red social y en ningún tipo de formato. Nada.

Tabla 4. Participación en alguna acción de contenido político según participación elecciones autonómicas a la Asamblea Regional del 28 de mayo de 2023 (%)

	Votó	No votó	Total
Haciendo algún comentario en un periódico digital	0,7	0,0	0,6
Haciendo un post o un tuit en redes sociales	1,6	0,0	1,4
Dando un like o retuit o cualquier otra acción en redes	2,9	0,0	2,5
Enviando algún comentario a un grupo de WhatsApp	4,7	2,0	4,4
Ninguna de las anteriores	91,2	97,0	92,0
No sabe	0,3	1,0	0,4

Fuente: elaboración propia a partir de los datos obtenidos en el Estudio Postelectoral CEMOP – Elecciones Autonómicas Región de Murcia 2023.

Esa inacción es compartida tanto por hombres como por mujeres, en ambos casos más del 90% opta por no participar en ningún tipo de actividad. Algo muy similar resulta del análisis por grupos de edad en los que, a excepción de los más jóvenes, más del 90% no realizan ningún tipo de acción. No es de extrañar que el segmento de edad más joven sean los más activos en las redes, a pesar de que un porcentaje muy elevado decida no hacer nada (81,6%). Este grupo de edad (18-29 años), que además suelen ser los más activos en las plataformas digitales, afirma haber llevado a cabo alguna acción o participado en algún foro para opinar sobre el debate. Así, el 7,9% dice haber enviado algún comentario de WhatsApp, y el 6,6% ha dado un like, ha retuiteado o ha realizado cualquier otra acción en las redes. Obviamente no son porcentajes muy significativos, pero sí que de algún modo son destacables si se realiza una comparativa con el resto de los segmentos de edad. Además, vienen a confirmar las tesis que defienden el incremento del interés de los jóvenes por los debates, aspecto relevante y tendencia que se viene repitiendo campaña tras campaña, tal y como ya se ha mencionado anteriormente. En realidad, es esta variable la que marca una cierta diferencia con el resto, porque ni por género, posicionamiento ideológico, recuerdo de voto o situación laboral hay actividad. En todos ellos los porcentajes de inactividad ascienden mínimo al 88%, es decir, 7 puntos por encima del que se obtiene en los de menor edad.

Tabla 5. Participación en alguna acción de contenido político tras el debate según género

	Hombre	Mujer
Haciendo algún comentario en un periódico digital	0,8	0,3
Haciendo un post o un tuit en redes sociales	1,9	0,9
Dando un like o retuit o cualquier otra acción en redes	3,3	1,7
Enviando algún comentario a un grupo de WhatsApp	5,0	3,7
Ninguna de las anteriores	90,9	93,1
No sabe	0,0	0,9

Fuente: elaboración propia a partir de los datos obtenidos en el Estudio Postelectoral CEMOP – Elecciones Autonómicas Región de Murcia 2023.

Tabla 6. Participación en alguna acción de contenido político tras el debate según grupos de edad (%)

	Fuente	30 a 44	45 a 64	65 y más
Haciendo algún comentario en un periódico digital	0,0	1,9	0,3	0,0
Haciendo un post o un tuit en redes sociales	2,6	1,3	1,4	1,1
Dando un like o retuit o cualquier otra acción en redes	6,6	1,3	3,5	0,5
Enviando algún comentario a un grupo de WhatsApp	7,9	4,4	3,5	4,2
Ninguna de las anteriores	81,6	92,5	92,3	95,2
No sabe	1,3	0,0	0,3	0,5

Fuente: elaboración propia a partir de los datos obtenidos en el Estudio Postelectoral CEMOP – Elecciones Autonómicas Región de Murcia 2023.

Tampoco otras variables especialmente relevantes como el posicionamiento ideológico o el recuerdo de voto marcan diferencias significativas. Si bien reflejan una ligera tendencia a una mayor actividad tras el debate entre quienes se sitúan en los extremos ideológicos, o entre votantes de Unidas Podemos y Vox, en consonancia con los resultados obtenido sobre el impacto del debate.

Tabla 7. Participación en alguna acción de contenido político tras el debate según posicionamiento ideológico

	1/2	3/4	5	6	7/8	9/10
Haciendo algún comentario en un periódico digital	0,0	0,0	0,0	0,0	1,4	1,3
Haciendo un post o un tuit en redes sociales	6,7	2,3	0,4	0,0	0,0	3,8
Dando un like o retuit o cualquier otra acción en redes	2,2	1,1	0,9	3,0	2,8	7,6
Enviando algún comentario a un grupo de WhatsApp	8,9	4,5	5,2	6,0	2,8	1,3
Ninguna de las anteriores	88,9	90,9	93,1	92,5	93,1	89,9
No sabe	0,0	1,1	0,0	0,0	0,0	0,0

Fuente: elaboración propia a partir de los datos obtenidos en el Estudio Postelectoral CEMOP – Elecciones Autonómicas Región de Murcia 2023.

Tabla 8. Participación en alguna acción de contenido político tras el debate según recuerdo de voto

	PP	PSOE	C's	UP	Vox	Otros/En blanco
Haciendo algún comentario en un periódico digital	0,0	0,8	0,0	0,0	3,3	0,0
Haciendo un post o un tuit en redes sociales	0,9	1,6	0,0	6,7	3,3	3,8
Dando un like o retuit o cualquier otra acción en redes	2,7	1,6	5,3	0,0	7,8	3,8
Enviando algún comentario a un grupo de WhatsApp	3,1	5,5	5,3	6,7	4,4	15,4
Ninguna de las anteriores	93,4	91,3	89,5	90,0	85,6	84,6
No sabe	0,0	0,0	0,0	0,0	1,1	0,0

Fuente: elaboración propia a partir de los datos obtenidos en el Estudio Postelectoral CEMOP – Elecciones Autonómicas Región de Murcia 2023.

En definitiva, aunque pueda estar fuera de toda duda que los debates televisivos son una parte de las campañas electorales que ayudan a legitimar el sistema democrático, a los partidos y a sus líderes (Moreno, 2010, p. 55), está claro que en estas elecciones autonómicas no interesó, ni motivó el debate político autonómico.

5. VALORACIÓN Y CONCLUSIONES

La teoría general de los estudios mediáticos y políticos es que los debates electorales televisados, a pesar de tratar una temática no demasiado atractiva para la opinión pública, alcanzan una audiencia masiva y generan gran expectación entre la ciudadanía, convirtiéndose en uno de los actos de campaña más atractivos y por tanto, más seguidos. En consecuencia, se podría concluir que producen finalmente un efecto potencial sobre el comportamiento electoral. Sin embargo, este no fue el caso del debate televisado y los comicios que nos ocupan en esta ocasión. Su seguimiento no fue mayoritario, ni despertó interés, tampoco fue muy comentado posteriormente y el "debate sobre el debate", su *spin,* se centró fundamentalmente en la casuística de este y lo anecdótico de su cancelación.

En lo que sí hay coincidencia con las teorías académicas más avanzadas sobre el tema, es en el hecho de que estos actos de campaña no producen efectos relevantes en la intención de voto, sino que más bien confirman posiciones y ratifican las decisiones que el electorado ya tenía antes de la emisión del debate. Los porcentajes más sólidos marcan esa tendencia y permiten afirmar que, en el caso del debate televisado para los comicios autonómicos del 28 de mayo de 2023 a la Asamblea de la Región de Murcia, si hay alguna influencia está relacionada precisamente con el refuerzo de voto, aunque la mayoría del electorado que vio el debate afirma que no le incluyó en absoluto. Es decir, no se rompen, sino que fortalecen, las orientaciones iniciales y las identificaciones previas con las posiciones políticas e ideológicas, con los partidos y con sus líderes.

Además, el análisis según variables sociodemográficas refleja escasas diferencias, si bien apuntan a un mayor seguimiento y actividad posterior entre los hombres y en el colectivo joven. Situación similar ocurre con la variable posicionamiento ideológico y recuerdo de voto, con valores más elevados de seguimiento y actividad posterior entre aquellos que se sitúan en los extremos.

En el caso concreto de este debate, el principal resultado lo obtuvo la candidata de Unidas Podemos ya que, gracias a la polémica sobre su posicionamiento durante el desarrollo del mismo, fue avalada por sus votantes y reforzó el voto en más del 80% de su electorado.

El escaso seguimiento e impacto del debate no debería desmerecer esta oportunidad que tiene la ciudadanía en un futuro, para conocer las propuestas políticas y las diferentes candidaturas que concurren a una cita electoral. Más bien debería llevar a una reflexión y acción para que realmente sean un instrumento útil en el funcionamiento democrático. Los medios de comunicación en general, y los medios audiovisuales en particular, pueden contribuir al desarrollo de una cultura política y democrática crítica, que redunden en la calidad de los contenidos políticos que se vierten durante las campañas electorales.

Capítulo 5

¿Socializaron durante el periodo electoral los y las ciudadanas de la Región de Murcia?

CLAUDIA MAYORDOMO ZAPATA

1. INTRODUCCIÓN

El fenómeno colectivo más simbólico de los sistemas democráticos contemporáneos se produce el día de las elecciones. Ese día, el conjunto de una sociedad realiza una acción —depositar un voto en una urna— que se acompaña de una decisión previa mediatizada por múltiples estímulos. Entre ellos se encuentran los procesos de socialización política a los que los individuos se exponen en su día a día. La socialización es una característica inherente a los seres humanos en tanto seres sociales. Y aunque no resulte necesario plantear una disquisición argumentativa sobre qué es la socialización política, sí parece conveniente prestar atención a sus efectos en el comportamiento político de los individuos. Es por eso por lo que en este capítulo abordamos la cuestión de la socialización política durante el periodo electoral de las elecciones a la Asamblea de la Comunidad Autónoma a la Región de Murcia. Para ello utilizamos la siguiente pregunta: "Durante la campaña electoral, ¿Hasta qué punto las elecciones autonómicas han sido tema de conversación en casa con su familia, con sus amigos o con sus compañeros de trabajo? ¿De manera habitual, de vez en cuando, raramente, o casi nunca?", disponible en el Estudio Postelectoral del Centro de Estudios Murciano de Opinión Pública (2023). Con ella mediremos una de las dimensiones de la socialización política: conversar acerca de las elecciones durante la campaña electoral.

La socialización política puede ser entendida como el conjunto de interacciones sociales que un individuo mantiene en su día a día sobre las que se desarrolla como miembro de una comunidad y sobre las que construye sus convicciones políticas (Sobirovich, 2023). Además, a través de la socialización, los miembros de dicha comunidad aprenden las normas formales e informales para relacionarse adecuadamente con las personas de su entorno (Sobirovich, 2023). De acuerdo con estas normas, los individuos tendrán una mayor o menor propensión a tomar un posicionamiento político u otro dependiendo del tipo de socialización al que se hayan visto expuestos.

La socialización política es uno de los mecanismos clave que ayuda a explicar el origen de las preferencias políticas. Los procesos de adaptación sociopolítica de los individuos a las normas formales e informales dentro de una sociedad particular están en el foco de la ciencia política para entender y explicar el comportamiento político de los ciudadanos (Sobirovich, 2023). Así, los análisis sobre socialización se vinculan con las interacciones que los individuos establecen en relación con distintas dimensiones del ámbito de la política, entre ellas el comportamiento político electoral.

Dada la importancia que el aprendizaje tiene en el proceso de socialización política, los primeros estudios sobre el tema se centraron fundamentalmente en analizar el acercamiento a lo político de los individuos en edades tempranas (Niemi & Hepburn, 1995). La socialización política debe de ser entendida, por tanto, como un proceso gradual que comienza antes de la adultez y que se mantiene a lo largo de la vida de una persona (Hyman, 1959). La socialización es un fenómeno que se produce y reproduce a partir de las distintas relaciones que los individuos establecen entre sí.

Las relaciones familiares constituyen una de las principales formas de socialización política. La relación con los progenitores se convierte en una fuente primaria de información y formación sobre política para los adolescentes (Coffé & Voorpostel, 2010). Padres/madres tratan de transmitir sus preferencias políticas a sus hijos/as como parte de su legado moral, provocando con ello una transmisión generacional de preferencias partidistas (Durmuşoğlu et al., 2023). De manera que las preferencias políticas de los padres pueden ser predictores directos e indirectos de las preferencias políticas de sus hijos (Durmuşoğlu et al., 2023). En función de la intensidad y la frecuencia con la que padres/madres e hijos/as discutan sobre política las preferencias de los/as padres/madres tendrá un mayor o menos efecto. Es decir, cuanto mayor sea la socialización política en el entorno familiar, mayor será la probabilidad de que un individuo reproduzca las mismas inclinaciones políticas.

Al margen de la influencia que por su propia naturaleza tienen las interacciones políticas de los/as progenitores/as con sus hijos/as, el mecanismo por el que se ha explicado la formación de identidades políticas a una edad temprana tiene que ver con la teoría de los años impresionables (Dinas, 2010). Durante los años formativos, o impresionables —que se corresponden con el periodo de maduración cognitiva donde se transita de la niñez a la adultez— los individuos son más susceptibles de quedar marcados tanto por determinados eventos como por determinados agentes influyentes (Neundorf & Smets, 2015). Los eventos pueden ser desde desastres naturales, pasando por crisis económicas y/o sociopolíticas, hasta eventos personales de calado político. Por su parte, los agentes influyentes incluyen, además de a los/as progenitores/as y familiares, a los/as profesores/as, compañeros/as y amigos/as, los medios de comunicación, y actualmente, también los líderes de opinión en las redes sociales.

Ahora bien, como indicábamos anteriormente, la socialización política debe de entenderse como un proceso que se desarrolla a lo largo de toda la vida de un individuo y que por tanto puede evolucionar y cambiar. Es por eso por lo que, aunque se puedan producir ciertas cristalizaciones ideológicas o partidistas en una edad temprana, los individuos siguen expuestos a eventos y agentes políticos con suficiente capacidad como para cambiar su manera de pensar políticamente. Entre los momentos de cambio vitales se incluye la realización de estudios superiores universitarios (Alfirević et al., 2023). Numerosas investigaciones han demostrado que aquellos individuos con estudios superiores manifiestan tener mayor interés por la política y presentan dinámicas de socialización política más profundas que entre aquellos que no declaran tener interés por los asuntos políticos (Ahearn et al., 2023).

El siguiente apartado analizamos cómo ha sido el comportamiento electoral de los/as murcianos/as en relación su nivel de socialización política. Para ello, realizamos un análisis de perfiles a través de distintas variables sociodemográficas y políticas. También analizamos el grado de coincidencia en el voto y en las opiniones de los/as murcianos/as y sus allegados/as al hablar de las elecciones autonómicas.

Finalmente el capítulo cierra con unas breves conclusiones respecto del perfil de socialización del electorado murciano

2. ¿SOCIALIZARON DURANTE EL PERIODO ELECTORAL AUTONÓMICA LOS Y LAS CIUDADANAS DE LA REGIÓN DE MURCIA?

2.1. Socialización política conversacional: ¿quiénes hablaron más sobre las elecciones durante la campaña electoral?

Para estudiar alguna de las variables relacionadas con la socialización que tiene lugar durante la campaña electoral, en el estudio postelectoral de las elecciones autonómicas de la Región de Murcia de 2023 se les pedía a los/as entrevistados/as que indicaran hasta qué punto dichos comicios habían sido tema de conversación con su familia, sus amigos/as o sus compañeros/as de trabajo, así como la frecuencia de estas. En este apartado realizamos un perfil del electorado murciano en función de su nivel de socialización conversacional.

En primer lugar, observamos que el 24,5% de los/as entrevistados/as señaló que habló sobre las elecciones de forma habitual; el 30,8% respondió que lo hizo de vez en cuando mientras que casi el 45% respondió que raramente o casi nunca (gráfico 1). Estos datos muestran la clara división entre los/as entrevistados/as que sí conversaron sobre las elecciones y los que no. El electorado murciano se fragmenta entonces entre aquellos que dedicaron tiempo durante su vida diaria, es decir, los que socializaron políticamente durante la campaña electoral, y los que no. Este primer acercamiento a los niveles de socialización política a través del uso de la conversación con familiares y allegados/as presenta dos perfiles claramente delimitados. ¿Seguiremos encontrando este patrón al cruzar estos resultados por otras variables?

Gráfico 1. Las elecciones como tema de conversación cruzado por participación electoral y total

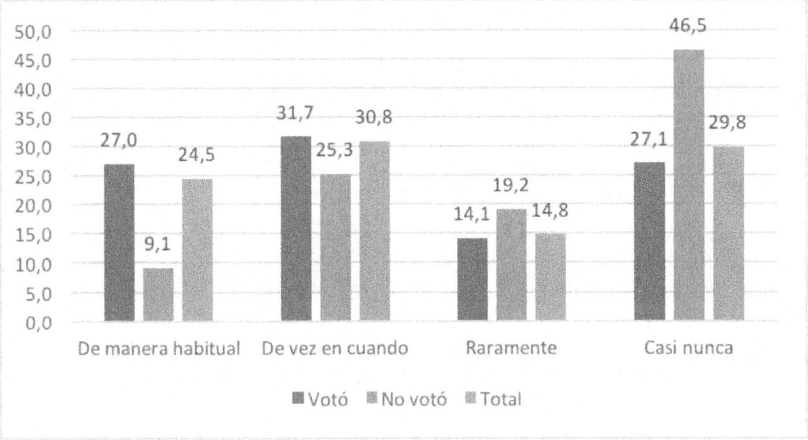

Fuente: Estudio postelectoral autonómico de la Región de Murcia 2023 CEMOP.

De manera descriptiva, como se puede observar en el gráfico 1, parece que el doble perfil del electorado murciano en cuanto al nivel de socialización política se mantiene cuando cruzamos estos datos por la participación electoral. Efectivamente, como ya se adelantaba en la introducción, la socialización política parece ser un predictor de la participación política electoral. Así, observamos que existe una relación entre el interés conversacional por la campaña y la participación electoral. En este sentido, el 58,7% de los/as entrevistados/as que declararon haber votado en las elecciones autonómicas había hablado de manera habitual (27%) o de vez en cuando (31,7%) sobre las elecciones. Los que declararon no haber votado respondieron en un 46,5% que las elecciones autonómicas casi nunca fueron un tema de conversación con sus allegados y en 19,2% que raramente lo fueron. Esta relación, que descriptivamente se puede observar de manera clara en el gráfico 1, se confirma siendo también estadísticamente significativa (Chi-cuadrado = p-valor <0.001).

Gráfico 2. Las elecciones como tema de conversación cruzado por interés siguiendo la campaña electoral

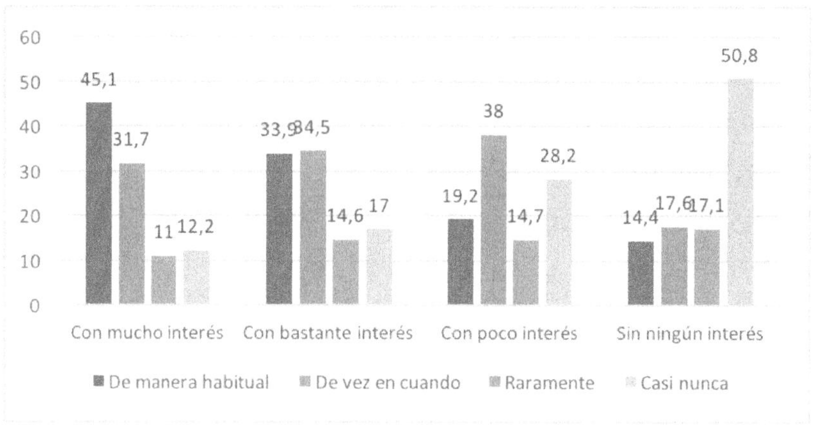

Fuente: Estudio postelectoral autonómico de la Región de Murcia 2023 CEMOP.

Como era esperable, también podemos observar una relación estadísticamente significativa (Chi-cuadrado = p-valor <0.001) entre aquellos que tuvieron un nivel de socialización conversacional alto y el seguimiento de la campaña electoral (gráfico 2). Estos resultados siguen sosteniendo la idea de un doble perfil del electorado murciano. Además, estos datos pueden relacionarse con la idea de que las campañas electorales son consumidas por aquellos individuos que ya tienen un interés previo por la política. Sobre esta idea, los asesores políticos pueden diseñar estrategias de campaña teniendo en cuenta estos dos tipos de perfiles, pudiendo medir si merece o no la pena destinar recursos a grupos que tienen una probabilidad baja de votar.

Relacionando esta cuestión con variables de naturaleza sociodemográfica encontramos que para un 69,7% de los/as jóvenes (18-29 años) las elecciones fueron un tema de conversación habitual (25%) o de vez en cuando (44,7%) (gráfico 3). Este grupo de edad fue el que declaró haber conversado sobre las elecciones en mayor medida mientras que el grupo de edad de mayores de 65 fueron los que declararon en menor medida haber conversado sobre las elecciones con sus allegados (39,2% casi nunca). Parece existir una correlación negativa entre la edad y el nivel de socialización política conversacional. Es decir, a mayor edad menor frecuencia de conversaciones sobre las elecciones. Al comprobar si efectivamente esta relación es estadísticamente significativa observamos que sí lo es (Chi-cuadrado = p-valor <0.001). En relación con la teoría de los años impresionables comentada en la introducción, tiene sentido que los jóvenes discutan en mayor medida que las personas de mayor edad sobre cuestiones políticas. Aún están formando sus opiniones políticas, lo que puede influir en su inquietud por conocer, comprender y defender sus ideas con sus allegados. Las personas mayores por su parte, en principio, suelen tener sus ideas políticas cristalizadas, por lo que hablar sobre las elecciones no tendría tanta influencia como en el caso de los jóvenes. Parece que las personas mayores no necesitan socializar tanto como los/as jóvenes. Desde un punto de vista sociodemográfico, también seguimos encontrando un perfil dual, los/as jóvenes murcianos/as forman parte del grupo que socializa en mayor medida, mientras que conforme aumenta la edad de los electores estos forman parte de los grupos que socializan políticamente menos.

Gráfico 3. Las elecciones como tema de conversación cruzado por edad

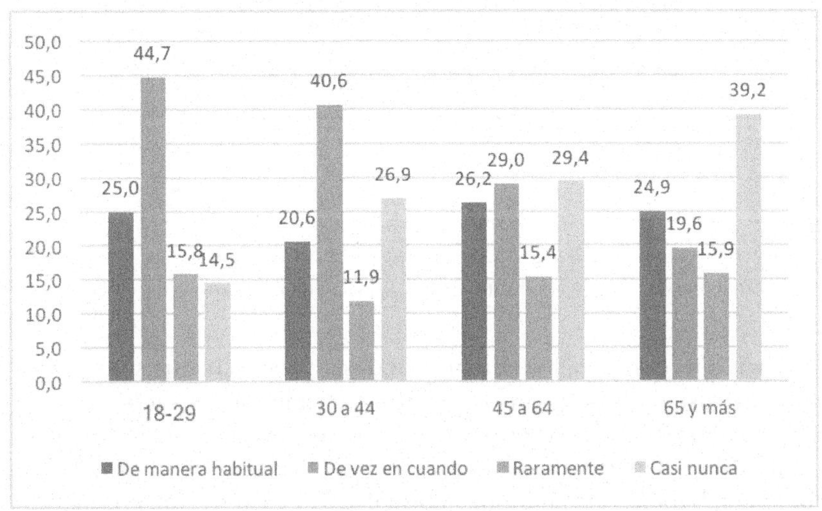

Fuente: Estudio postelectoral autonómico de la Región de Murcia 2023 CEMOP.

De forma complementaria, han sido los/as entrevistados/as con estudios universitarios los que hablaron en mayor medida sobre las elecciones autonómicas (65,4%). Este resultado está en consonancia con la evidencia empírica encontrada por otros investigadores. Al igual que en otros contextos sociopolíticos, los electores murcianos con estudios universitarios muestran niveles de socialización política conversacional más elevada que el resto de entrevistados. Este es otro elemento dual del perfil del electorado murciano en relación con el nivel de socialización conversacional de los electores murcianos. Al igual que el resto de las diferencias señaladas, esta relación también es estadísticamente significativa (Chi-cuadrado = p-valor <0.001),

Gráfico 4. Las elecciones como tema de conversación cruzado por nivel educativo

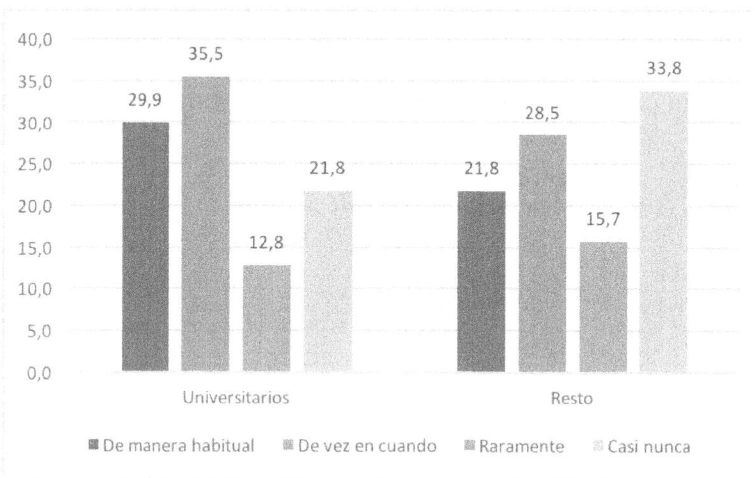

Fuente: Estudio postelectoral autonómico de la Región de Murcia 2023 CEMOP.

Otra diferencia sociodemográfica destacable es la que se da entre los entrevistados de distintos tamaños de hábitat (gráfico 5). Los/as ciudadanos/as de la Región de Murcia que viven en municipios de más de 300.000 habitantes son los que declaran en mayor medida haber hablado de manera habitual (29,6%) o de vez en cuando (29,1%), mientras que los habitantes de municipios de menos de 10.000 habitantes son los que declaran en mayor medida no haber hablado sobre las elecciones casi nunca (38,5%). Esta relación es estadísticamente significativa, lo que implica que a mayor tamaño de hábitat mayor frecuencia de las elecciones como tema de conversación. Con esta característica podemos seguir trazando el perfil dual de socialización política de los/as electores/as murcianos/as.

Gráfico 5. Las elecciones como tema de conversación cruzado por tamaño de hábitat

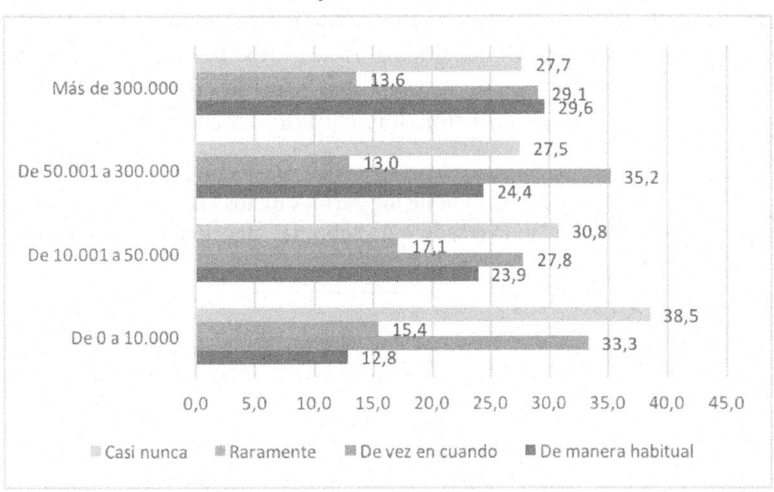

Fuente: Estudio postelectoral autonómico de la Región de Murcia 2023 CEMOP.

Teniendo en cuenta las características políticas de los individuos, destaca que aquellos que se ubican en las posiciones ideológicas de izquierda y centro-izquierda hablaron más sobre las elecciones (31%) que aquellos que se sitúan en el centro-derecha y derecha (17%). Este es un dato interesante, pues a pesar de que el electorado murciano muestra una tendencia clara hacia el centro-derecha (atendiendo a los resultados de los comicios electorales) son los de esta ubicación ideológica los que menos socializan. Si observamos los datos de nuestra muestra, los jóvenes de la Región de Murcia, que recordemos son también el grupo que declaraba una mayor frecuencia de socialización política conversacional, se autoubican en mayor medida a la izquierda.

Finalmente, para generar un perfil de los electores de la Región de Murcia, hemos generado un árbol de decisión o clasificación, utilizando la función *rpart* en el programa RStudio, una técnica de *machine learning* (aprendizaje automático)[1]. La función *rpart* de R es una implementación del algoritmo de aprendizaje automático supervisado CART (*Classification and Regression Tree*) utilizado para generar un árbol de decisión. *Rpart* utiliza una métrica computacional para determinar la mejor regla para dividir los datos en clases más puras. En el algoritmo "rpart", la métrica computacional es el coeficiente de Gini. En cada nodo del árbol de decisión, *rpart* minimiza el coeficiente de Gini y, de este modo, divide los datos en subconjuntos de clases más puras con los nodos de la variable definida como clasificadora, que aparece en la parte inferior del árbol de decisión.

Gráfico 6. Árbol de clasificación de los perfiles de los electores murcianos que declararon haber conversado o no sobre las elecciones autonómicas

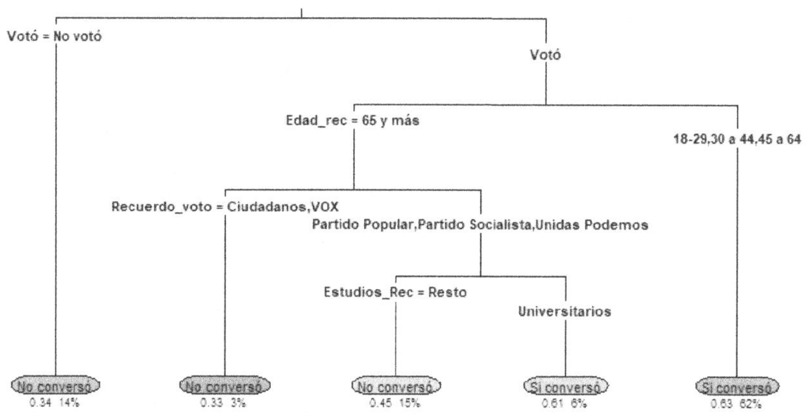

Fuente: Elaboración propia a partir del Estudio postelectoral autonómico de la Región de Murcia 2023 CEMOP.

Como se puede observar en el gráfico 6, los individuos que no participaron electoralmente tienen una alta probabilidad de no haber conversado sobre las elecciones. Respecto a los que participaron electoralmente, es decir, votaron, podemos observar dos perfiles: el

1 Para más información https://cran.r-project.org/web/packages/rpart/rpart.pdf

primero, formado por todos aquellos que no se encuentran en la franja de edad de 65 o más años y más probablemente conversaron; el segundo, constituido en primera instancia por quienes votaron y tenían 65 años o más. Dentro de este último grupo, aquellas personas que votaron al PP, al PSOE o a UP y tienen estudios universitarios tienen más probabilidades de haber conversado.

2.2. Grado de coincidencia en el voto y en las opiniones de los/as murcianos/as y sus allegados/as al hablar de las elecciones autonómicas

En el estudio postelectoral, a aquellos entrevistados que respondieron que las elecciones habían sido un tema de conversación habitual o de vez en cuando se les pidió que indicara el grado de acuerdo que se daban en tales conversaciones. Con esta pregunta podemos evaluar en qué medida los electores murcianos hablaban con sus allegados para reforzar sus ideas con personas afines ideológicamente, o, por el contrario, para discutir con individuos con ideas diferentes a las suyas.

Gráfico 7. Grado de coincidencia de los entrevistados con sus allegados respecto a sus opiniones sobre las elecciones autonómicas

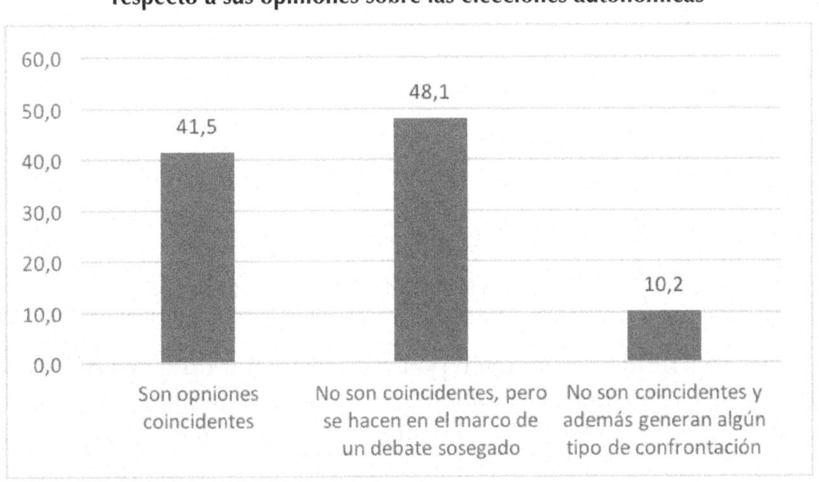

Fuente: Estudio postelectoral autonómico de la Región de Murcia 2023 CEMOP.

De acuerdo con los datos es posible relacionar el nivel de conversación sobre las elecciones y con quién tenían ese intercambio de opiniones. El 48.1% de los/as entrevistados/as respondió que las opiniones no eran coincidentes, si bien se hacían en un marco de debate sosegado. El 41,5% precisó que las opiniones eran coincidentes y tan solo un 10,2% respondió que no eran coincidentes y, además, generaban algún tipo de confrontación. Estos resultados muestran que, en general, el electorado murciano no parece utilizar el tema de las elecciones para discutir apasionadamente. Esto resulta positivo en un contexto democrático pluralista pues los/as murcianos/as declaran poder hablar de política en el marco de unas elecciones sin llegar a la confrontación en la mayoría de los casos.

Gráfico 8. Grado de coincidencia de los entrevistados con sus allegados respecto a sus opiniones sobre las elecciones autonómicas cruzado por recuerdo de voto

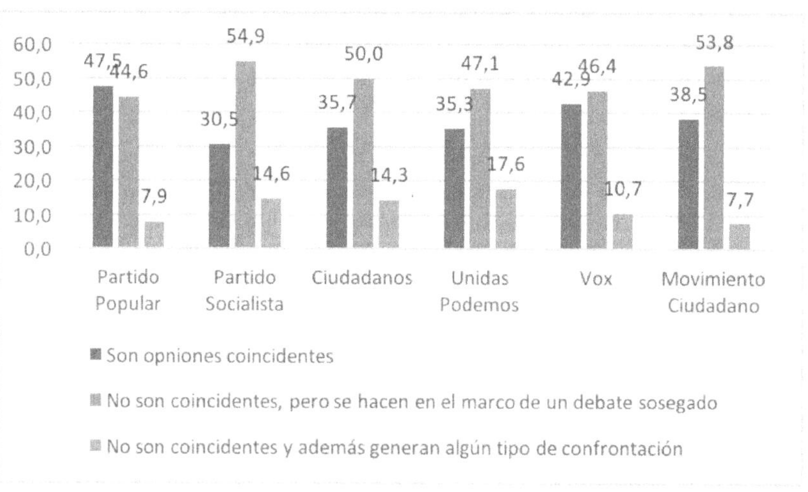

Fuente: Estudio postelectoral autonómico de la Región de Murcia 2023 CEMOP.

De estos resultados también podemos distinguir dos perfiles entre los entrevistados que declaraban hablar habitualmente o de vez en cuando sobre las elecciones. Por un lado, están aquellos que coinciden en menor medida con sus allegados y aquéllos que presentan opiniones similares a las de sus allegados. Al cruzar esta variable por el recuerdo de voto de las elecciones autonómicas, los que expresaron que se habían encontrado con mayores niveles de confrontación fueron los votantes de Unidas Podemos (17,6%). En oposición, los que mayor coincidencia declaraban tener con sus allegados fueron los que recordaban haber votado al Partido Popular (47,5%) y a Vox (42,9%). No resulta sorprendente que sean los votantes de UP los que más discutieran con estos sobre las elecciones, ya que, probabilísticamente era más fácil que sus allegados votaran a un partido diferente al suyo.

Para concluir, vamos a analizar la percepción de los/as entrevistados/as sobre el voto de sus allegados. Así, con el objeto de evaluar la percepción de la socialización en el voto, se les pidió a los/as entrevistados/as que dieran su opinión respecto a la posibilidad de que sus allegados votaran, por lo general, lo mismo que ellos/as. El 30,9% de los entrevistados declaró que algunos han votado lo mismo que ellos mientras que el 14,2% declaró que, de forma mayoritaria, habían votado distinto a ellos/as.

Gráfico 9. Percepción de los entrevistados sobre el voto de sus allegados

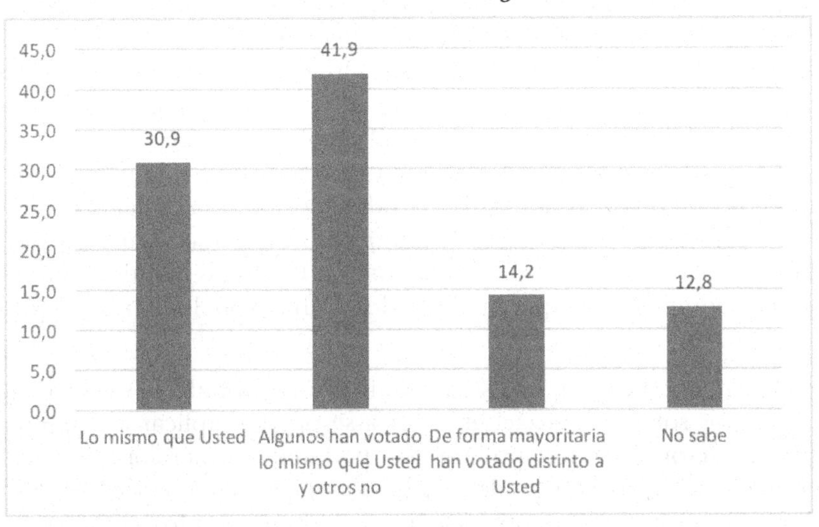

Fuente: Estudio postelectoral autonómico de la Región de Murcia 2023 CEMOP.

Los resultados más destacables respecto a esta pregunta los encontramos al cruzarla por el recuerdo de voto. El 45.6% de los que votaron PP señalan que sus familiares han votado lo mismo que ellos, un dato idéntico a los que se decantaron por VOX. Son los votantes de Podemos los que muestran, igualmente, un porcentaje significativo de uniformidad en el voto familiar con un 33,3%. Son los votantes de Ciudadanos los que, en mayor proporción, señalan que su familia votó distinto (42,1%) siendo el segundo más alto el de los votantes de Podemos (23,3%).

3. CONCLUSIONES

En este capítulo hemos podido analizar cómo es el elector murciano que socializa políticamente a través del uso de la conversación sobre las elecciones en mayor medida. El/la elector/a murciano/a que presenta un mayor nivel de socialización política conversacional prototípico suele llevar a cabo un seguimiento informativo de las elecciones con gran interés, suele participar electoralmente en mayor medida, suele vivir en municipios de más de 300.000 habitantes, suele ser joven, tiene estudios universitarios y se ubica en mayor medida en la izquierda de la escala ideológica. De entre aquellos que presentan un mayor nivel de socialización política conversacional encontramos dos grandes grupos: aquellos cuyas opiniones cuyas opiniones coinciden con las de sus allegados/as y aquellos en los/as que no. Además, los que declaran en mayor medida que sus opiniones coinciden son votantes de partidos de derechas, mientras que los que menos coinciden son electores de izquierdas. También son los que recuerdan haber votado a Vox y al PP los/as que tienen una percepción mayor de que sus allegados/as han votado lo mismo que ellos/as.

De forma sintética, en este capítulo hemos podido observar que las teorías sobre socialización política se pueden aplicar al conjunto del electorado murciano. Además, podemos extraer conclusiones alentadoras para el futuro de la Región respecto al bajo nivel de confrontación que los/as entrevistados/as han expresados en esta encuesta. Sin embargo, un aspecto negativo de estos resultados reside en que gran parte de los murcianos parece no tener interés por la política, en concreto, por las elecciones. El hecho de que las elecciones no hayan formado parte del diálogo diario de casi la mitad de los/as entrevistados/as (45%) podría ser entendido como un problema de cara a la legitimidad del sistema. ¿Se sienten los/as murcianos/as apáticos respecto a la política regional o, sencillamente prefieren guardar para ellos mismos sus opiniones sobre las elecciones? Dejamos esta pregunta abierta a la reflexión del/la lector/a y para futuras investigaciones.

Capítulo 6

Viralización de mensajes y contenidos de campaña durante las elecciones autonómicas en la Región de Murcia de 2023

CLAUDIA MAYORDOMO ZAPATA

1. INTRODUCCIÓN

Las redes sociales han pasado a formar parte de todos los aspectos diarios de la vida de los/as ciudadanos/as. Los/as electores/as ahora tienen acceso a múltiples plataformas desde las que poder informarse sobre la actualidad política. Este nuevo escenario digital ha tenido como consecuencia la democratización de los medios de comunicación. Ahora, en cualquier momento, en cualquier lugar, los electores tienen al alcance de tu mano la última hora informativa sobre los acontecimientos políticos. El fenómeno de la democratización informativa ha contribuido a que los electores puedan formar parte activa de la conversación política durante la campaña electoral. Un movimiento coordinado en redes puede activar la entrada de determinados temas en la agenda política. Como sabemos, el poder de introducir temas en la agenda es indispensable para controlar los marcos en los que se difunden los mensajes políticos. Por lo que el estudio de la viralización de contenidos políticos en la conversación digital es uno de los temas de mayor relevancia para la literatura especializada en comunicación política y campañas electorales en la actualidad.

¿A quién no le ha llegado en los últimos años un mensaje reenviado (muchas veces) por WhatsApp? Resulta difícil de imaginar un escenario en el que una persona con un círculo social relativamente activo en redes sociales no haya recibido este tipo de mensajes. Incluso puede resultar habitual comentar con amigos/as y allegados/as la recepción de un meme fuera del mundo online. Es decir, trasladar la conversación *online* a la vida real, en las conversaciones interpersonales —*offline*— diarias. De manera que la recepción de mensajes y contenidos virales es un elemento característico de las relaciones contemporáneas. Es por eso que el proceso de viralización de mensajes y contenido político está necesariamente presente en el marco de una campaña electoral. El caso de las pasadas elecciones autonómicas a la Asamblea de la Comunidad Autónoma de la Región de Murcia no quedó exento de este tipo de eventos virales. Por ejemplo, es destacable el rifirrafe, momentos antes de comenzar la segunda parte del debate electoral, producido entre los moderadores del debate y la candidata de Unidas Podemos, María Marín. El momento en el que la candidata afirma que no va abandonar el plató para dar paso a la candidata de Más Región, Helena Vidal, fue tendencia nacional en Twitter (ahora X) durante la noche y el día siguiente al debate electoral (El País, 2023).

Contenidos de campaña virales, como el vivido durante y tras el debate electoral a las elecciones autonómicas a la Asamblea de la Región de Murcia, son una constante en las campañas electorales actuales. Las redes sociales y el uso de mensajería instantánea están siendo una vía fundamental de comunicación política y electoral (Cárdenas et al., 2017; Chaves-Montero et al., 2017; Yllán, 2021). Debido al protagonismo que las redes sociales han tenido en los últimos años la literatura científica sobre las campañas electorales ha incluido en sus análisis la influencia de éstas. En este sentido, además de estudiar el impacto y alcance de las redes sociales como vía de comunicación política durante las campañas electorales, una de las cuestiones a las que más se le está prestando atención es a la viralización de contenidos de campaña. En concreto, destacan estudios sobre el uso de la mensajería instantánea para la difusión de noticias falsas en el marco de una campaña electoral (Chagas, 2022; Garimella & Eckles, 2020; Mukherjee, 2020; Valenzuela et al., 2021).

La facilidad con la que un individuo puede difundir un contenido político a través de una aplicación de mensajería instantánea explicaría el aumento de los fenómenos virales durante una campaña electoral (Valenzuela et al., 2021). Así, resulta más sencillo para un individuo difundir pulsando una serie de botones un mensaje que hacerlo por la vía oral tradicional. Esta facilidad genera un escenario favorable a la creación de contenido potencialmente viral durante la campaña electoral. A esta facilidad se suma, además, la despersonalización que pueden generar las redes sociales (Kubin & von Sikorski, 2021; Lee et al., 2018). Aunque en el caso de la mensajería instantánea partimos del presupuesto de que los individuos se conocen de antemano (tienen su contacto guardado) no es lo mismo discutir en persona cara a cara que a través de una pantalla donde muchos matices pueden no entenderse o malinterpretarse (Davidson & Kobayashi, 2023).

Teniendo en cuenta este contexto, en el estudio postelectoral de las elecciones autonómicas de la Región de Murcia se preguntó a los entrevistados/as si habían enviado, reenviado o recibido alguna publicación en relación con algún partido durante la campaña. Por otro lado, dado que la red de mensajería instantánea más utilizada en España actualmente es WhatsApp de acuerdo con los datos del último informe realizado por el IAB[1], también se les preguntó a los/as entrevistados/as en concreto si durante la campaña electoral había discutido con familiares, amigos o compañeros de trabajo por un grupo de WhatsApp. Esta pregunta se realizó con el objetivo de poder observar una posible relación entre la discusión política y el uso de mensajería instantánea.

En este capítulo analizamos entonces, la difusión de contenido y mensajes de campaña del electorado murciano en las elecciones autonómicas a la Asamblea de la Región de Murcia. Analizamos también si existe un perfil determinado entre los electores y electoras murcianas respecto a la difusión de mensajes y contenido de campaña. A través de estas preguntas trataremos de observar si durante el marco de esta campaña electoral se pudieron producir flujos de viralización de mensajes y contenido político. Finalmente, también indagaremos sobre la posible existencia de una relación entre la discusión política y la mensajería instantánea.

---

1 Puede consultarse en: https://iabspain.es/estudio/

2. ¿ENVIARON Y RECIBIERON MENSAJES DURANTE LA CAMPAÑA ELECTORAL LOS/AS ELECTORES/AS MURCIANOS/AS?

Para responder a la pregunta que da título a esta sección, además de realizar un análisis estadístico descriptivo del envío y recepción de mensaje con motivo de las elecciones, hemos construido un árbol de clasificación que nos ayuda a observar qué perfiles podemos encontrar entre los/as electores/as de la Región de Murcia. Al observar el flujo de intercambio de mensajes en el gráfico 1, los entrevistados declaran en mayor medida haber recibido algún mensaje relacionado con algún partido durante la campaña electoral (48,9%) que haberlo enviado (23,3%). Con estos datos podemos concluir que parece existir un núcleo pequeño pero activo de murcianos/as que envió contenido político en el marco de la campaña electoral. Pero ¿Quiénes son los/as entrevistados/as que declaran haber enviado mensajes con motivo de las elecciones?

Gráfico 1. Porcentaje de respuesta a cada pregunta sobre envío y recepción de mensajes con motivo de las elecciones

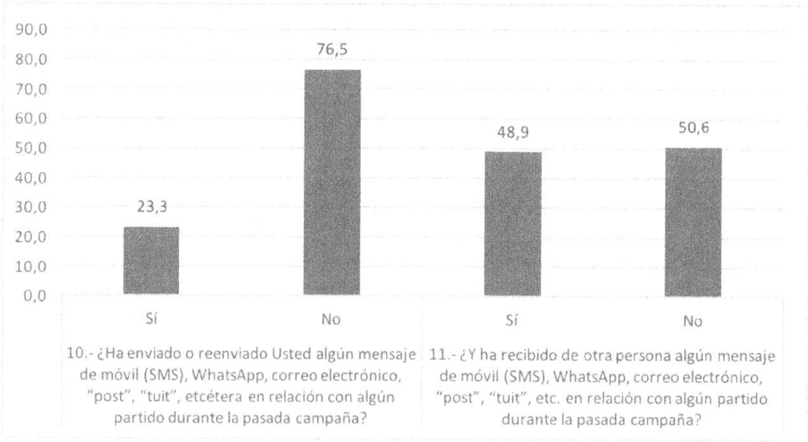

Fuente: Estudio postelectoral autonómico de la Región de Murcia 2023 CEMOP.

Observando el recuerdo de voto de las pasadas elecciones autonómicas, son los votantes de VOX los más activos para enviar mensajes

(46,7%) mientras que los de Unidas Podemos son los que en mayor proporción no enviaron mensajes sobre partidos políticos durante la campaña (80%). En cuanto a lo votantes de Unidas Podemos estos resultados pueden resultar llamativos en tanto que esta formación política se había caracterizado en sus inicios como movimiento en el 15M por el uso de redes sociales y mensajería (tanto instantánea como sms). Quizá el desuso de las redes sociales por parte de Unidas Podemos pueda deberse a la escasa presencia de electores y electoras de esta formación política en la Región de Murcia. Es decir, su nivel de actividad puede ser menor dada su menor presencia entre la sociedad. Este mismo argumento explicaría los datos obtenidos para los entrevistados que recuerdan haber votado a VOX. Además, de acuerdo con investigaciones previas, el uso de mensajería instantánea para difundir contenido político es una estrategia arraigada a los partidos de derecha radical (Chagas, 2022). Por otro lado, también se preguntó a los entrevistados si habían recibido algún mensaje de móvil (SMS), WhatsApp, correo electrónico, *post*, *tuit*, etc. en relación con algún partido durante la pasada campaña. Fueron los votantes de Movimiento Ciudadano (70%), los de Vox (63,3%) y los del Partido Socialista (58,3%) los que en mayor porcentaje evidencian haber recibido algún mensaje por los medios referidos. Siendo la relación entre el recuerdo de voto y haber recibido o envidado mensajes de contenido político a través de WhatsApp, sms, email o twitter, estadísticamente significativa Chi-cuadrado = p-valor <0.001).

Tabla 1. Porcentaje de respuesta a cada pregunta sobre envío y recepción de mensajes con motivo de las elecciones cruzado por recuerdo de voto

		Partido Popular	Partido Socialista	Unidas Podemos	Vox	Movimiento Ciudadano	Ciudadanos
10. ¿Ha enviado o reenviado Usted algún mensaje de móvil (SMS), WhatsApp, correo electrónico, *post*, *tuit*, etcétera en relación con algún partido durante la pasada campaña?	Sí	23,5	21,3	20,0	46,7	35,0	36,8
	No	76,5	78,7	80,0	53,3	65,0	63,2

		Partido Popular	Partido Socialista	Unidas Podemos	Vox	Movimiento Ciudadano	Ciudadanos
11.- ¿Y ha recibido de otra persona algún mensaje de móvil (SMS), WhatsApp, correo electrónico, *post*, *tuit*, etc. en relación con algún partido durante la pasada campaña?	Sí	46,0	58,3	46,7	63,3	70,0	63,2
	No	53,5	41,7	53,3	36,7	30,0	36,8

Fuente: Estudio postelectoral autonómico de la Región de Murcia 2023 CEMOP.

Por franja de edad, observamos que el grupo de edad que más mensajes ha enviado en ese sentido es el de entre 45 y 64 años (28%). A pesar de que las redes sociales suelen ser más utilizadas por los jóvenes (remitimos estos datos al informe del IAB) es relevante destacar que, en el caso de los y las jóvenes murcianas, el grupo que tiene entre 18 y 29 años manifiesta que no ha enviado información de partidos a través de las redes en un 76,3%. Los que más han recibido mensajes políticos son aquellos entrevistados de entre 30 y 44 años. Son los mayores de 65 años los que menos comunicación de esta naturaleza han recibido (el 38,1%). También es este segmento de edad los que menos mensajes han enviado (el 17,5%). Son los entrevistados con estudios superiores los que parecen ser los más activos en redes. Un 27,5% de los/as entrevistados/as que declaran tener estudios universitarios asegura haber enviado mensajes sobre partidos políticos durante la campaña frente al 21,4% del resto. También son ellos los que declaran en mayor medida haber recibido mensajes (56%). Esta relación que descriptivamente se puede observar de manera clara en la tabla 2, se confirma siendo también estadísticamente significativa (Chi-cuadrado = p-valor <0.001).

En cuanto al género de los entrevistados, observamos que la relación también es estadísticamente significativa (Chi-cuadrado = p-valor <0.001). Los hombres murcianos declaran en mayor medida haber enviado (29,5%) y recibido (58,1%) mensajes en relación con algún partido durante la pasada campaña que las mujeres (17% y 39,4%, respectivamente). Por lo tanto, el flujo de viralización de mensajes en el caso del electorado murciano se encuentra masculinizado. Un resultado que también se ha observado en otros casos como el de India (Mukherjee, 2020).

Tabla 2. Porcentaje de respuesta a cada pregunta sobre envío y recepción de mensajes con motivo de las elecciones cruzado por sexo y edad

	Hombre	Mujer	18-29	30 a 44	45 a 64	65 y más
10. ¿Ha enviado o reenviado Usted algún mensaje de móvil (SMS), WhatsApp, correo electrónico, *post*, *tuit*, etcétera en relación con algún partido durante la pasada campaña?	29,5	17,0	23,7	21,9	28,0	17,5
	70,5	82,8	76,3	77,5	72,0	82,5
11. ¿Y ha recibido de otra persona algún mensaje de móvil (SMS), WhatsApp, correo electrónico, *post*, *tuit*, etc. en relación con algún partido durante la pasada campaña?	58,1	39,4	50,0	56,3	51,7	38,1
	41,9	59,8	50,0	43,8	47,6	61,4

Fuente: Estudio postelectoral autonómico de la Región deh Murcia 2023 CEMOP.

Como ya hicimos en el capítulo 5 de este libro, para contar con un perfil de los electores de la Región de Murcia, hemos generado un árbol de decisión o clasificación, utilizando la función *rpart* en el programa RStudio, una técnica de *machine learning* (aprendizaje automático)[2]. La función *rpart* de R es una implementación del algoritmo de aprendizaje automático supervisado CART (*Classification and Regression Tree*) utilizado para generar un árbol de decisión. *Rpart* utiliza una métrica computacional para determinar la mejor regla para dividir los datos en clases más puras. En el algoritmo *rpart*, la métrica computacional es el coeficiente de Gini. En cada nodo del árbol de decisión, *rpart* minimiza el coeficiente de Gini y, de este modo, divide los datos en subconjuntos de clases más puras con los nodos de la variable definida como clasificadora, que aparece en la parte inferior del árbol de decisión.

[2] Para más información https://cran.r-project.org/web/packages/rpart/rpart.pdf

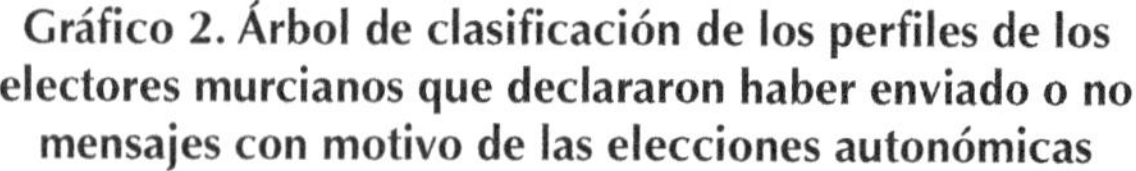

Gráfico 2. Árbol de clasificación de los perfiles de los electores murcianos que declararon haber enviado o no mensajes con motivo de las elecciones autonómicas

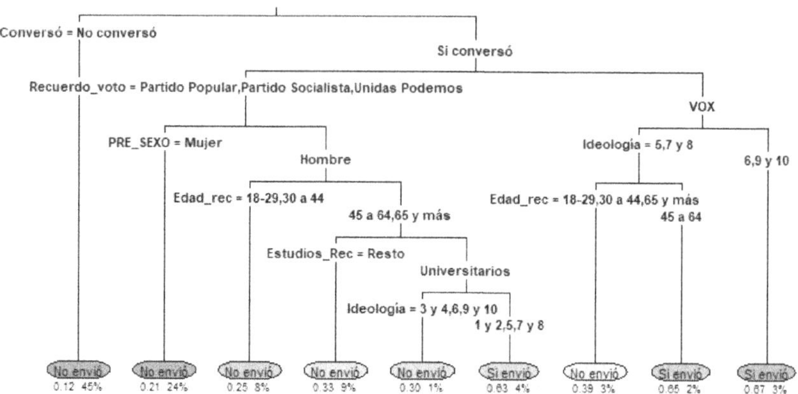

* El número se refiere a la tasa esperada de que el evento ocurra dentro de esta hoja del árbol. El porcentaje se refiere al tanto porciento de la muestra del total sin tener en cuenta los casos perdidos.

Fuente: Estudio postelectoral autonómico de la Región de Murcia 2023 CEMOP.

En el gráfico 2, podemos observar como la muestra se subdivide en grupos en función de diversas variables. En primer lugar, aquellos/as que no enviaron nada son, en mayor medida, los/as que no mantuvieron conversaciones con sus allegados. De entre los que declaran haber conversado con sus allegados, las mujeres que recuerdan haber votado al PP, al PSOE o a UP no enviaron mensajes. De entre los hombres que votaron a estas formaciones pertenecientes a las cohortes de edad entre 18-29 y 30-44 también pertenecen a un grupo que mayoritariamente no envió mensajes. De entre las franjas de edad de 45-64 años y 65 y más, aquellos que no tienen estudios superiores declaran en mayor medida no haber enviado mensajes. Mientras que aquellos hombres de esta franja de edad (45-64 y 65 y más), con estudios universitarios, que se autodefinieron ideológicamente entre el 1 y el 2, en el 5 y entre el 6 y el 8, se corresponden con un perfil que tiene mayores probabilidades de haber enviado mensajes durante la campaña electoral. Por otro lado, aquellos/as que declaran haber conversado con sus allegados sobre la campaña, haber votado a VOX y que se autoubican ideológicamente en el 6, el 9 o el 10 tienen la probabilidad más alta de haber enviado mensajes durante la campaña electoral. Además, de entre los votantes jóvenes (18-24) de VOX que se ubican en el 5 y entre el 7 y el 8 destaca que presentan una probabilidad menor de haber envidado mensajes en el marco de la campaña que otros segmentos de edad. Junto a ello, aquellos/as votantes de VOX que se ubican en esos puntos de la escala ideológica y pertenecen a las franjas de edad de entre 45-64 y mayores de 65 sí cuentan con una alta probabilidad de haber enviado mensajes en el marco de la campaña.

En cuanto a los individuos que por sus características pueden tener mayor probabilidad de haber recibido mensajes con contenido político durante la campaña electoral, tal y como podemos observar en el gráfico 3, se aprecia mayor heterogeneidad de perfiles. Entre aquellos/as que declararon no conversar, las mujeres muestran una mayor probabilidad de no haber recibido mensajes. En el caso de los hombres que no conversaron con sus allegados sobre la campaña, aquellos que se encuentran en las franjas de edad más jóvenes (18-29) y más mayores (65 y más) tienen mayor probabilidad de no haber recibido mensajes de contenido político. Por su parte, los hombres de entre 30-40 años y 45-64 pertenecen al grupo de los que probablemente sí recibieron mensajes. Respecto a los que sí tuvieron como tema de conversación la campaña, en el caso de los hombres su probabilidad de haber recibido mensajes es bastante alta. En el caso de las mujeres que declararon haber mantenido conversaciones sobre la campaña electoral, las que se ubican entre los 18-29, los 45-64 y 65 y más y, además, cuentan con estudios universitarios tienen más probabilidad de haber recibido mensajes. Las mujeres que conversaron sobre la campaña, tienen entre 30 y 44 años y se ubican en cualquier punto de la escala ideológica excepto el 5, son el grupo específico que tiene mayor probabilidad de haber recibido mensajes sobre la campaña.

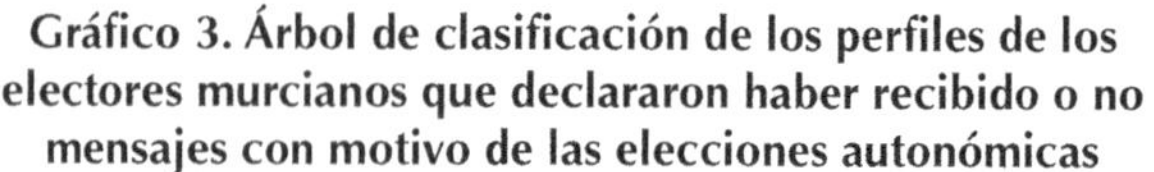

Gráfico 3. Árbol de clasificación de los perfiles de los electores murcianos que declararon haber recibido o no mensajes con motivo de las elecciones autonómicas

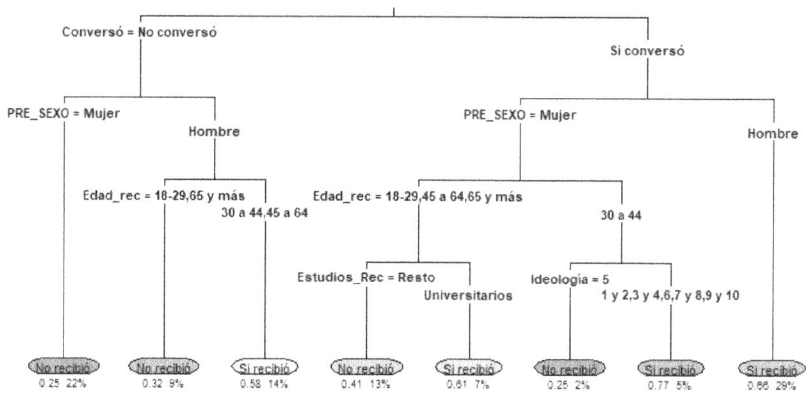

* El número se refiere a la tasa esperada de que el evento ocurra dentro de esta hoja del árbol. El porcentaje se refiere al tanto por ciento de la muestra del total sin tener en cuenta los casos perdidos.

Fuente: Estudio postelectoral autonómico de la Región de Murcia 2023 CEMOP.

3. ¿DISCUTIERON LOS/AS ELECTORES/AS MURCIANOS/AS CON MOTIVO DE LA CAMPAÑA ELECTORAL A TRAVÉS DE WHATSAPP?

Respecto a la pregunta de si han discutido en un marco de confrontación en algún grupo de WhatsApp con familiares, amigos/as o compañeros/as de trabajo con motivo de las elecciones, la gran mayoría de los entrevistados responde que no (87,2%). Al margen de la posibilidad de existencia de un sesgo de deseabilidad social por parte de los entrevistados al responder a esta pregunta, parece que los niveles de polarización entre allegados —asumiendo que los entrevistados mantienen conversaciones con sus allegados vía WhatsApp— han remitido respecto de los niveles de polarización afectiva encontrados por otras investigaciones para el caso de la Región de Murcia (Bettarelli et al., 2023)

Gráfico 4. Porcentaje de respuesta a la pregunta sobre si el entrevistado ha discutido en un marco de confrontación en algún grupo de WhatsApp con familiares, amigos o compañeros de trabajo con motivo de las elecciones. Total

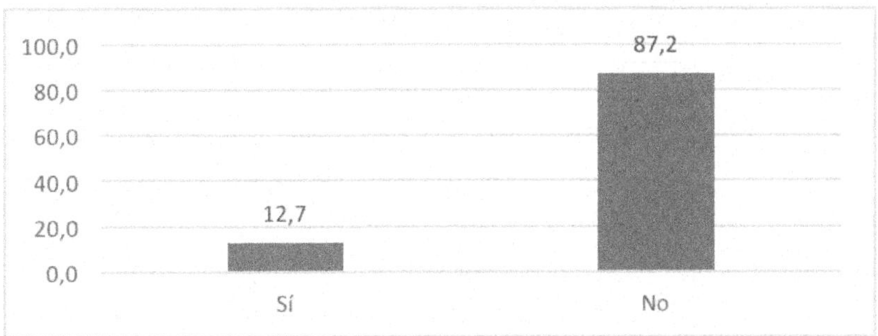

Fuente: Estudio postelectoral autonómico de la Región de Murcia 2023 CEMOP.

Atendiendo al recuerdo de voto, los/as entrevistados/as que recuerdan haber votado al PSOE en las elecciones autonómicas son los que afirman haber discutido en mayor medida (20,5%), seguidos por los/as que votaron a Movimiento Ciudadano (15%). Con una diferencia leve, también observamos que los hombres declaran haber discutido en un marco de confrontación (14,3%) en mayor medida que las mujeres (10,9%). Considerando las variables sociodemográficas, son los/as que tienen entre 18 y 29 años los que, en mayor proporción que el resto de los grupos de edad, los/as que manifiestan haber discutido en algún grupo (18,4%), seguido de los/as que están entre 30 y 44 años (16,3%). Finalmente, si consideramos el nivel de estudios, son los/as que tienen formación universitaria los que en mayor proporción han discutido sobre política en algún grupo (17,1%).

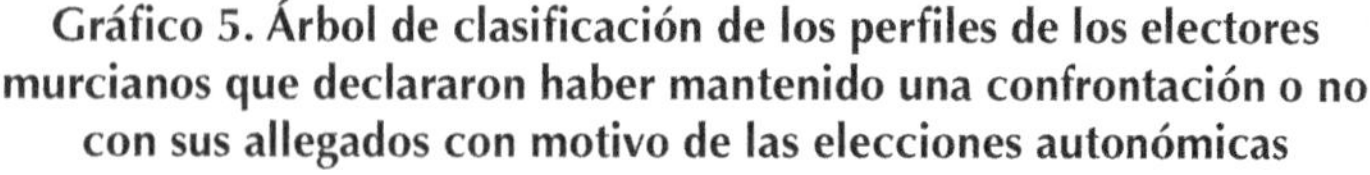

Gráfico 5. Árbol de clasificación de los perfiles de los electores murcianos que declararon haber mantenido una confrontación o no con sus allegados con motivo de las elecciones autonómicas

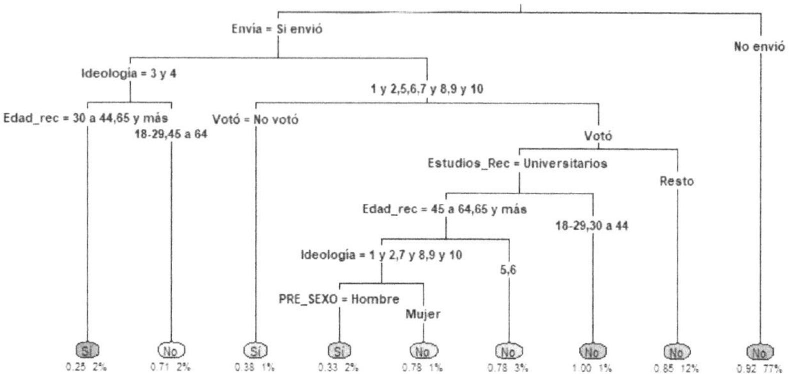

* El número se refiere a la tasa esperada de que el evento ocurra dentro de esta hoja del árbol. El porcentaje se refiere al tanto por ciento de la muestra del total sin tener en cuenta los casos perdidos.

Fuente: Estudio postelectoral autonómico de la Región de Murcia 2023 CEMOP.

Estos individuos comparten características sociodemográficas con aquellos que han enviado o recibido más mensajes de contenido político. Al observar en el gráfico 5 el árbol de clasificación, utilizando como variable clasificadora la confrontación, podemos apreciar que, efectivamente, los que han enviado mensajes son los que tienen mayores probabilidades de haber tenido alguna confrontación con sus allegados respecto a las elecciones autonómicas. En concreto, aquellos individuos que declararon haber enviado mensajes, ubicados entre el 3 y el 4 en la escala ideológica pertenecientes a las franjas de edad de entre 20-40 años y 65 y más, tienen probabilidades de haber mantenido una confrontación en el marco de la campaña. Por otro lado, aquellos/as que enviaron mensajes y no votaron, también tienen mayores probabilidades de haber discutido por la campaña electoral con sus allegados. Y, finalmente, destaca un perfil muy concreto: los hombres de 45-64 y 65 años y más, que se autoubicaron el 1 y el 2, el 7 y el 8 y el 9 y el 10, con estudios universitarios y que declara haber votado en las elecciones tienen mayores probabilidades de haber entablado una confrontación por WhatsApp con motivo de las elecciones, con amigos, familiares o compañeros de trabajo.

4. CONCLUSIONES

Recapitulando los principales resultados obtenidos en este capítulo, en primer lugar, destacamos quiénes son aquellos individuos que tienen más probabilidades de haber enviado mensajes durante la campaña. Los datos muestran que son personas que han mantenido conversaciones con sus allegados sobre las elecciones y, o bien son votantes de VOX y son mayores de 45 años, o bien han votado a otro partido (PP, PSOE o UP), son hombres mayores de 45 años con estudios superiores y se ubican ideológicamente en el entre el 1 y el 2, el 5 y entre el 7 y el 8.

En segundo lugar, respecto a aquellos individuos que declaran haber recibido más mensajes en el marco de la campaña electoral, estos son, en primer lugar, hombres de entre 30 y 64 años entre los que, pese a no haber mantenido en general conversaciones sobre la campaña electoral, la probabilidad de haber recibido estos mensajes supera a la de no haberlo hecho. Por otro lado, destacan las mujeres de entre 18-29, 45-64 y mayores de 65 con estudios superiores, así como las mujeres de entre 30 y 44 años que se ubican en cualquier punto de la escala ideológica excepto el 5. En este caso, también encontramos una alta probabilidad de haber recibido mensajes. Finamente, aquellos hombres que hayan conversado con sus allegados sobre la campaña cuentan igualmente con una alta probabilidad de haber recibido mensajes.

En definitiva, se puede concluir que el electorado murciano, en general, no entra en confrontación con sus allegados/as por cuestiones sobre relacionadas con la campaña electoral.

Capítulo 7

Valoración de la campaña electoral

ÁNGEL J. OLAZ CAPITÁN
ESTHER CLAVERO MIRA

1. INTRODUCCIÓN

Este capítulo tiene por propósito realizar una aproximación explicativa al por qué determinadas variables tales como el sexo, edad, nivel formativo, tamaño del habitat y comarca geográfica propia de los electores, han ejercido una función moderadora en la valoración de la campaña autonómica de 2023 respecto de los principales partidos políticos: Partido Popular (PP), Partido Socialista Obrero Español (PSOE), Ciudadanos (CS), Unidas Podemos (UP) y VOX.

Por otro lado, desde la órbita de los partidos políticos es sabido que una campaña siempre ejercerá, en mayor o menor medida, cierto impacto e influencia sobre el electorado y, de ahí, su percepción acerca de como se han conducido los partidos políticos y también sus líderes en el desarrollo de la misma.

No es menos cierto que buena parte del voto está influido por cuestiones emocionales sin siempre quedar suficientemente aclarado el peso que también tienen otros vectores importantes como son: la ideología, la fuerza de la costumbre o la identificación con el programa que representan las formaciones politicas por citar solo algunos.

Sea de un modo u otro, aspectos como el sexo, la edad, el nivel formativo, el tamaño del habitat y la demarcación comarcal —seleccionadas esas cinco grandes variables de otras tantas más, provenientes de nuestro estudio— también pueden contribuir a explicar cómo han ejercido el voto los electores murcianos.

Para ello se comenzará por comentar algunas cuestiones aproximativas al estudio de las campañas electorales, examinando a continuación los tipos que se pueden dar, y como es clave en este proceso la figura del votante y sus motivaciones, sin olvidar en modo alguno la llamada cuestión emocional. Finalmente tras el análisis de datos se expondrán las oportunas conclusiones.

2. CUESTIONES APROXIMATIVAS AL ESTUDIO DE LAS CAMPAÑAS ELECTORALES

Hay que remontarse a los estudios de Lazarsfeld et al. (1944) del pasado siglo, cuando en Estados Unidos se empezaron a desarrollar los primeros estudios sobre comportamiento electoral. En estas coordenadas espacio-temporales se gesta la *Teoría de la Universidad de Columbia,* según la cual las campañas electorales no son determinantes en el resultado final de los comicios, por lo que solo contribuirían como papel de refuerzo a la predisposición del votante en quien concurre una dimensión partidista, social e ideológica (Lazarfeld et al. 1944, McCombs y Shaw, 1972).

En los citados estudios de Lazarfesfeld et al. (1944) se sitúan buena parte de los fundamentos analíticos de las campañas electorales concebidas como un proceso de planificación y ejecución de actividades orientadas a la cosnecución de votos. Desde esta perspectiva las campañas electorales han contribuido a configurar un panorama político y mediático denominado la "nueva política de campaña" (Pasquino, 2001) lo que ha motivado intensificar la necesidad de incorporar el método científico al análisis de este proceso.

En este complejo modelo interpretativo autores como Swanson y Mancini (1996) hablan de una "americanización de la política", donde la larga tradición electoral de EE.UU. en materia de campañas electorales revelan la complejidad de este fenómeno caracterizado por la personalización de las mismas en la figura de sus líderes como crisol de las dinámicas políticas y electorales, y en concreto haciendo referencia al denominado "horse-race-campaing" (Reinemann y Wilke, 2007), donde el "caballo ganador" adquiere este rango al derrotar a sus adversarios políticos.

En ese "juego de suma cero" donde lo que un partiddo político gana es lo que otro pierde, las emociones resultan claves en la construcción de los mensajes políticos. Es, por tanto, la comunicación un elemento central de las campañas y más si cabe en el contexto de "democracia mediática" (Muñoz-Alonso y Rospir, 1999), donde los *mass media* establecen una conexión clave entre los partidos y el electorado, pero sobre todo de crear un sistema de medios de comunicación de masas que sea capaz de informar y otorgue poder a todos los integrantes de la sociedad realzando los valores democráticos.

3. TIPOS DE CAMPAÑAS ELECTORALES

Según Sánchez (2023) existen diferentes perspectivas teóricas desde la que abordar las campañas electorales. Este autor, siguiendo a Maisel et al. (2007) indica que es posible establecer tres enfoques acerca del comportamiento de los actores políticos durante las campañas electorales.

La primera perspectiva realiza una interpretación restringida de la democracia, sosteniendo que los ciudadanos requieren de una información mínima para tomar una decisión sobre el voto a emitir. Este enfoque permite de forma sencilla juzgar el trabajo de un gobierno a partir de aspectos como su autopercepción del nivel de vida, empleos y otros aspectos relacionados con los principales problemas de la sociedad. De este modo, los votantes pueden comparar candidatos y establecer los que consideran como líder responsable. Como puede entenderse, bajo esta vía interpretativa, la subjetividad modera la interpretación de la realidad

La segunda vía parte de un modelo democratico más amplio. Requiere de un mayor conocimiento político por parte del elector y de las propias campañas electorales. En este esquema se hace necesario conocer la calidad de los discursos, la cobertura informativa que hayan recibido por parte de los mass media y, también, el conocimiento acerca de la pluralidad de ofertas políticas constituyen elementos cruciales durante las campañas, lo que no siempre queda al alcance de todo el electorado.

La tercera perspectiva se denomina "escéptica", por la que se normaliza —sea ciertro o no— que gran parte de de los problemas que asoman en las campañas electorales son debidas a la naturaleza intrínseca del proceso político, lo que podria ayudar a entender cierto proceso de desafección ciudadana hacia lo poltiico y particularizándose más si acaso hacia la propia campaña y las elecciones. Esta interpretación también singulariza el hecho de que no es fácil interpretar ni las campañas electorales, ni descifrar la construcción social de la realidad como describieron Berger y Luckmann (1967).

Sea una u otra, cada una de las perspectivas convive con las otras, por lo que el elector puede verse condicionado en su interpretación de la realidad y, en consecuencia, en sus motivaciones a la hora de decantarse por una determinada opción.

4. EL VOTANTE Y SUS MOTIVACIONES

Es obvio que las campañas electorales si por algo se caracterizan es por ese afán de captar votos entre los electores, con indepencia de la evolución que esta ha experimentado en estos últimos años, esa *mise en scene* —cimentada en el "cuerpo a cuerpo"—, hasta el más reciente "debate a cuatro" de las últimas ocasiones derivadas de la desaparición del bipartidismo (Peña-Jiménez, 2023)

Ahora bien y con independencia de la puesta en escena, diferentes autores han explicado cuáles son las variables que motivan la elección del voto, estableciendo varias perspectivas de análisis entre las que se citan: la conductista, la teoría cultural del voto y la teoría racional (Valdez et al. 2011).

En concreto, esta última —elaborada inicialmente por Downs (1957) y completada por Tullock (1967) y Riker y Ordeshook (1968)—, señala que el comportamiento del elector es el resultado de un cálculo racional donde se ponderan de un modo analítico diferentes elementos, así como los beneficios y resultados esperados de una determinada opción política.

Es la *Escuela de Chicago,* en los años cuarenta del siglo XX, quien desarrolla la denominada *Teoría de los efectos*, según la cual los *mass media* ejercen una importante influencia sobre las personas y sus ideas, algo a lo que no pueden substraerse durante los procesos electorales, de modo que el resultado de las elecciones queda determinado por el tipo y carácter de la campaña (Mendelsohn y O'Keefe, 1976). Es por ello que las motivaciones y preferencias electorales del elector pueden verse modificadas por las campañas de las diferentes formaciones políticas y más concretamente por la acción de la comunicación política (Norris et al 1999).

En cualquier caso y con independencia de escuelas y autores, la pregunta acerca de cuáles son los elementos que moderan la decisión electoral del votante, está motivando que la ciencia política y también la sociologia reconozcan el papel de las emociones como clave en el comportamiento político y como éstas han de ser variables a incluir en los modelos explicativos de decisión electoral (Espinosa 2008).

5. LA CUESTIÓN EMOCIONAL

Al hilo de los comentarios anteriores, Arias (2016) indica la importancia de las emociones y el papel que jugarían en la elaboración de estrategias políticas, donde la democracia se constituiría finalmente como un régimen político sustentado en la opinión cimentada sobre emociones (Arias, 2016).

Así pues y en oposición a la tradicional visión tradicional referida a la toma de decisiones en el ámbito del voto electoral, las emociones parecen cobrar una dimensión protagonista dejado de ser sesgos irracionales para transformarse en determinantes fundamentales de las actitudes y acciones políticas (Isbell 2012).

Desde esta perspectiva es fácil entender que en la política, en general, se genera un escenario en el que se combinan razón y emoción y donde casi siempre se antepone la segunda a la primera (Westen, 2007).

En otro orden de cosas y dando paso a un enfoque psico-social, Gladwell (2013) reflexiona acerca de cómo tras el fenómeno de una aparente intuición subyace un imperceptible análisis y rápido proceso de análisis. Este razonamiento podría dar lugar a la creencia de que lo emocional tiene una base racional lo que no siempre puede ser admitido, pero no por ello es menos cierto que en términos de conducta —y este argumento puede enlazar con las campañas electorales— los productos, mensajes y conductas pueden extenderse entre nosotros como si de un "virus" se tratase (Gladwell, 2002), aunque para Jivkova et al. (2017) conseguir la mayor viralidad no asegura la victoria electoral.

Sea de un modo o de otro, es evidente el peso que tienen las emociones en la forma de comunicar para las formaciones políticas y, sobre todo, en tiempos de campaña ya que son capaces de movilizar y reactivar la participación electoral (Arias, 2016), no en vano una de las estrategias más comunes y más estandarizadas en los contextos de las campañas electorales se centran en que los candidatos, así como sus estrategias provoquen respuestas emocionales en el conjunto de la población (Marcus y Mackuen, 1993).

6. ANÁLISIS

Todo aquello que no se puede medir no se puede gestionar o al menos eso parece confirmarse de la siempre tozuda realidad. Cuestión aparte es la dificultad para cifrar en una escala numérica cómo puede calificarse o, si se prefiere, valorarse la campaña electoral de cada uno de los partidos que han tomado parte en ella.

Aun siendo conscientes de esta limitación en el presente estudio sobre la campaña autonómica de 2023 en la Región de Murcia se preguntó a las personas encuestadas, en una escala del 0 al 10 —en la que 0 significaba la "antipatía y rechazo" y el 10 la "simpatía y adhesión" hacia la campaña de cada uno de los partidos— su valoración de las campañas del Partido Popular, Partido Socialista, Ciudadanos, Unidas Podemos y Vox. Resultado de este análisis, a continuación se sintetizan los principales aspectos reseñados, atendiendo a diferentes puntos de vista como son: la edad, el sexo y el nivel formativo de la masa electoral.

6.1. Sexo

Grosso modo, puede apreciarse que (Tabla 1) son los hombres los que mayor antipatía y rechazo presentan en sus valoraciones hacia las campañas (PSOE, UP y CS), mientras que las mujeres se caracterizan por unos mayores sentimientos de simpatía y adhesión salvo en los casos del PP y VOX que sucede de modo contrario.

Tabla 1. Antipatía / Rechazo Vs. Simpatía / Adhesión hacia la Campaña Electoral de los distintos partidos políticos, según sexo (%)

	PP			PSOE			CS			UP			VOX		
Sexo	0-3	4-6	7-10	0-3	4-6	7-10	0-3	4-6	7-10	0-3	4-6	7-10	0-3	4-6	7-10
Hombre	17,9	30,9	43,0	38,0	38,0	16,0	51,5	30,0	6,3	64,2	20,7	4,1	35,0	27,5	28,4
Mujer	19,0	24,1	37,1	27,3	31,0	21,6	38,2	26,7	7,5	48,0	19,0	9,5	39,1	19,8	20,1
Total	18,4	27,6	40,1	32,8	34,6	18,7	45,0	28,4	6,9	56,3	19,8	6,8	37,0	23,8	24,3

Fuente: Estudio Postelectoral CEMOP – Elecciones Autonómicas Región de Murcia 2023.

Con respecto a la variable sexo y en términos generales, los sentimientos más acusados de antipatía y rechazo (0-3) se dan hacia las campañas de los partidos de izquierdas en el caso de los hombres (38,0% PSOE y 64,2% UP), mientras que las mujeres lo hacen con un 19,0% para la campaña del PP y un 39,1% para la de VOX.

En el otro extremo de la escala, la simpatía y adhesión (7-10) no es tan fácilmente caracterizable, si bien son los hombres (43,0% al PP y 28,4% a VOX) los que más simpatía muestran hacia las campañas de esos partidos de la derecha, y las mujeres hacia el PP (37,1%), PSOE (21,6%).

6.2. Edad

En referencia a la variable edad (Tabla 2) de las cinco formaciones políticas consideradas (Partido Popular, Partido Socialista, Ciudadanos, Unidas Podemos y Vox) el único patrón común observable a todas ellas es aquel por el que las personas encuestadas que bien “No saben” (NS) o “No contestan” (NC) acerca de este tema incrementan sus porcentajes a medida que aumenta su edad, lo que posiblemente podría significar cierta desafección, desinterés o falta de atención hacia las campañas electorales desarrolladas por los diferentes partidos políticos.

Por rangos de edad, las personas encuadradas en el arco ideológico de derechas y en el tramo de edad comprendido entre los 18-29 años adquieren su mayor presencia en el caso del PP (47,4%) en la escala simpatía y adhesión (7-10), mientras que VOX (47,4%) lo hace en el tramo contrario de antipatía y rechazo (0-3).

Los partidos de izquierda presentan sus mayores porcentajes 46,1% (PSOE) en una escala media de antipatía y rechazo (4-6) para personas en el tramo de edad comprendida entre los 18-29 años, mientras para UP en una escala (0-3) en el intervalo de edad de 45-64 años con un 59,1%

Tabla 2. Antipatía / Rechazo Vs. Simpatía / Adhesión hacia la Campaña Electoral de los distintos partidos políticos, según edad (%)

	PP			PSOE			CS			UP			VOX		
Edad	0-3	4-6	7-10	0-3	4-6	7-10	0-3	4-6	7-10	0-3	4-6	7-10	0-3	4-6	7-10
18-29	19,7	26,3	47,4	28,9	46,1	18,4	52,6	30,3	6,6	53,9	23,7	15,8	47,4	23,7	25,0
30 a 44	21,3	32,5	33,8	28,1	42,5	16,9	48,8	28,8	5,0	55,6	24,4	4,4	38,1	23,8	25,6
45 a 64	19,6	26,9	39,5	39,5	28,3	17,1	44,4	29,0	8,4	59,1	17,5	5,6	33,2	26,2	25,9
65 y más	13,8	24,9	43,4	28,0	32,8	22,8	39,7	26,5	6,3	53,4	18,0	6,9	37,6	20,1	20,6

Fuente: Estudio Postelectoral CEMOP – Elecciones Autonómicas Región de Murcia 2023.

6.3. Nivel Formativo

La antipatía y rechazo frente a la simpatía y adhesión en la campaña electoral de los partidos políticos vinculada al nivel de estudios de las personas encuestadas (Tabla 3) —en este caso diferenciando entre universitarios y los que no lo son— presenta algunos datos que sucintamente pasan a comentarse.

Tabla 3. Antipatía / Rechazo Vs. Simpatía / Adhesión hacia la Campaña Electoral de los distintos partidos políticos, según nivel de estudios (%)

Nivel Formativo	PP			PSOE			CS			UP			VOX		
	0-3	4-6	7-10	0-3	4-6	7-10	0-3	4-6	7-10	0-3	4-6	7-10	0-3	4-6	7-10
Universit.	25,6	30,3	32,5	32,1	39,3	16,7	48,7	28,6	4,7	56,4	21,4	6,4	40,6	22,2	23,9
Resto est.	14,9	26,2	43,8	33,1	32,3	19,7	43,2	28,3	8,0	56,2	19,1	6,9	35,2	24,5	24,5

Fuente: Estudio Postelectoral CEMOP – Elecciones Autonómicas Región de Murcia 2023.

El caso del PP es el único de los partidos que en opinión de las personas encuestadas y en el tramo vinculado a la valoración de la simpatía y adhesión (7-10) se localiza el mayor porcentaje de personas sin estudios universitarios (43,8%) antes que en otros tramos de la escala. Este patrón no es coincidente con VOX que próximo ideológicamente concentra su máximo porcentaje, en este caso de simpatía y adhesión con un 40,6%, pero en la escala 0-3, entre los universitarios lo que evidencia distintas percepciones del modo en que ha sido valorada la reciente campaña electoral.

En el arco ideológico de izquierdas, el PSOE concita el mayor porcentaje de valoraciones con 39,3% en una escala moderada (4-6) del total de universitarios identificados con esta opción, mientras que en el caso de UP los mayores porcentajes se orientan a posiciones más escoradas a la antipatía y rechazo (0-3) con independencia de la existencia o no de estudios universitarios (56,4% y 56,2% respectivamente).

Por último y en el caso de CS, este comportamiento de antipatía y rechazo también se produjo aunque de forma más atenuada con porcentajes de personas con estudios universitarios y no universitarios de 48,7% y 43,2% respectivamente (0-3).

6.4. Hábitat

El tamaño de hábitat es otro elemento relacionado con la valoración de la campaña por parte de las personas encuestadas. El único partido que en su tendencia general —con las lógicas excepciones—

muestra una progresión en la escala del 0 al 10 —en la que 0 significaba la “antipatía y rechazo” y el 10 la “simpatía y adhesión— es el PP de modo que los porcentajes se van ampliando a medida que el tamaño del hábitat discurre en poblaciones que comprenden de los 0 a 10.000 habitantes hasta los que sobrepasan los 300.000. VOX evidencia que la mayor antipatía y rechazo se localiza en localidades grandes (más de 300.000 habitantes) con un 41,7% mientras que en el otro extremo del arco ideológico, UP concentra sus disconformidades o indignación con independencia del tamaño de la población con una media 55,2% repartiendo el otro aproximadamente 45% restante en el resto de la escala (de 4 a 6 y de 7 a 10). El PSOE sitúa su principal rechazo (0-3) con una media 31, 2% entre todos sus municipios y CS con un 43.,7%

Tabla 4. Antipatía / Rechazo Vs. Simpatía / Adhesión hacia la Campaña Electoral de los distintos partidos políticos, según tamaño de hábitat (%)

Núm. Hab.	PP			PSOE			CS			UP			VOX		
	0-3	4-6	7-10	0-3	4-6	7-10	0-3	4-6	7-10	0-3	4-6	7-10	0-3	4-6	7-10
0-10.000	15,4	23,1	42,3	23,1	33,3	24,4	37,2	28,2	5,1	50,0	23,1	3,8	38,5	20,5	21,8
10.001-50.000	18,4	26,5	42,7	34,6	33,8	17,5	49,1	29,5	3,8	57,3	22,6	5,1	35,9	24,8	26,5
50.001-300.000	16,1	25,4	44,0	36,8	35,8	15,0	40,9	28,0	10,9	56,0	17,1	8,8	32,6	25,4	25,9
Más de 300.000	21,8	32,5	32,5	30,6	35,0	21,4	47,1	27,7	7,3	57,8	18,0	7,8	41,7	22,3	21,4

Fuente: Estudio Postelectoral CEMOP – Elecciones Autonómicas Región de Murcia 2023.

6.5. Comarca

Las cinco grandes comarcas en las que se ha cartografiado esta consulta electoral, a saber: Altiplano, Guadalentin, Cartagena-Mar Menor, Huerta de Murcia y Noroeste permiten identificar algunos aspectos relevantes relacionados con la campaña electoral de las elecciones autónómicas en la Región de Murcia.

Los datos revelan que los mayores porcentajes en "simpatia y adhesión" (escala 7-10) tomando como referencia a cada partido político de modo independiente, sitúan al PP en la Comarca del Guadalentín con un 47,1%, VOX también en esta comarca con un 30,8%, el PSOE con un 20,7% en la Huerta de Murcia, UP también en el Altiplano con un 8,7% y CS en la Comarca Cartagena-Mar Menor con un 9,3%

Por otro lado, los porcentajes asociados a la "antipatía y rechazo" (escala 0-3) y de nuevo observando a los datos de cada partido político, indican que el PP reciben en la Comarca del Altiplano sus peores resultados (26,1%), al igual que VOX con un 43,5% y PSOE con el 39,1% en este mismo área. Es en la Comarca del Guadalentín donde UP recoge el mayor porcentaje de repulsa (58,7%) y en el Noroeste la formación de CS con un 51,0%

Tabla 5. Antipatía / Rechazo Vs. Simpatía / Adhesión hacia la Campaña Electoral de los distintos partidos políticos, según Comarca (%)

	PP			PSOE			CS			UP			VOX		
Comarca	0-3	4-6	7-10	0-3	4-6	7-10	0-3	4-6	7-10	0-3	4-6	7-10	0-3	4-6	7-10
Altiplano	26,1	30,4	26,1	39,1	39,1	4,3	43,5	34,8	4,3	52,2	21,7	8,7	43,5	30,4	8,7
Guadalentin	14,4	25,0	47,1	33,7	33,7	18,3	46,2	24,0	7,7	58,7	20,2	5,8	28,8	25,0	30,8
Cartagena-Mar Menor	20,2	27,3	42,1	36,6	36,6	16,4	45,4	29,0	9,3	56,3	21,3	7,7	37,7	23,5	26,2
Huerta de Murcia	18,2	28,4	38,6	30,4	34,1	20,7	43,8	29,5	6,3	56,3	19,0	6,5	40,1	22,2	22,4
Noroeste	18,4	26,5	34,7	30,6	30,6	20,4	51,0	24,5	2,0	53,1	18,4	6,1	26,5	30,6	24,5

Fuente: Estudio Postelectoral CEMOP – Elecciones Autonómicas Región de Murcia 2023.

7. CONCLUSIONES

La valoración de una campaña como las autonómicas de 2023 no puede sustraerse a las razones de un voto que ha emitido el elector. Sea de este modo u otro, una campaña siempre ejercerá impacto e influencia sobre el electorado y de ahí su percepción acerca de cómo se han conducido los partidos políticos y también sus líderes.

No es menos cierto que buena parte del voto está influido por cuestiones emocionales, sin siempre quedar suficientemente claro el peso que también tienen otros vectores importantes como son: la ideología, la fuerza de la costumbre o la identificación con el programa que representan las formaciones politicas por citar solo algunas.

Resulta evidente que variables como el sexo, edad, nivel formativo, tamaño del habitat y comarca geografica han ejercido una función moderadora en la valoración de la campaña autonómica de 2023, algo que por otro lado no coge desprevenido a los partidos políticos y los líderes de las formaciones en el siempre intento legítimo por captar la atención del elector y nutrirse de votos en la campaña electoral.

Finalmente es de resaltar que los trazos gruesos de este trabajo dibujan algunos aspectos que permiten anticipar la importancia del perfil del electorado y como éste al valorar las campañas desde su particular visión realiza un ejercicio proyectivo del resultado electoral.

Capítulo 8

Impacto de las encuestas electorales en las elecciones autonómicas de la Región de Murcia 2023

MARÍA ISABEL SÁNCHEZ-MORA MOLINA
MARÍA BELÉN GARCÍA-PALMA

1. LAS ENCUESTAS ELECTORALES: ENTRE EL INTERÉS, EL DESCONOCIMIENTO Y LA DESCONFIANZA

Es sabido que quienes ostentan o intentan ostentar el poder político utilizan todos los instrumentos a su alcance, para conseguir imponerse sobre sus adversarios políticos. Como es lógico, estos instrumentos han variado a lo largo del tiempo hasta llegar a la época moderna en la que imperan, al menos en occidente, los estados democráticos en los que se utilizan instrumentos de comunicación más enfocados a persuadir, a través de la comunicación (veraz o no), que a imponerse a la fuerza sobre las decisiones de la ciudadanía.

En este sentido, señala Castells (2009, p. 208) que "desde los años noventa, un buen número de estudios sobre comunicación política han demostrado la influencia de las noticias, campañas políticas y publicidad sobre los procesos de toma de decisiones de los ciudadanos". Según tiempos y circunstancias, en las sociedades democráticas:

> ... y desde que el poder político se constituye como una esfera de actividades e influencias que aspira a niveles estratégicos en su formación e institucionalización, la fascinación por la búsqueda y comprensión de los escenarios futuros ha sido un objetivo. La predicción entendida más como una previsión, *forescasting,* han formado parte de un prolongado espacio experimental de certezas/incertezas vinculadas a la sensibilidad y funcionalidad en la toma de decisiones (Elortegui Gómez, 2019, p. 15).

Además, junto a la necesidad de prever y predecir, lo que puede acontecer con el resultado de las urnas, es también muy importante el manejo de los tiempos. Es decir, la posibilidad de adelantarse al adversario político. Fundamentalmente, para conocer el itinerario a seguir según la respuesta ciudadana pero, también, para poder estar dispuesto a enfrentar cualquier alteración circunstancial que pudiera cambiar el curso de unas elecciones. Por ejemplo, las elecciones generales de 2004 en España, que daban como ganador al Partido Popular y debido a un acontecimiento como el atentado de Atocha, se cambió el curso de esa campaña electoral. Hasta ese momento se preveía un triunfo del Partido Popular, pero fue el PSOE el ganador de esas elecciones.

Por lo tanto, la idea sobre el control de la información como fuente de comunicación a la ciudadanía de aquellas cuestiones que pueden generar confianza o desconfianza, a la hora de apoyar a una u otra formación política, es necesaria en cualquier momento, para gestar las estrategias de las distintas formaciones políticas.

Los periodos electorales son momentos estratégicos para los que se establecen las estrategias de campaña de los distintos partidos que participan en la contienda; se expone la personalidad de los líderes de esas formaciones; se muestran los contenidos de los distintos programas electorales; se lanzan las campañas mediáticas y de comunicación y, desde hace unas décadas para acá, se realizan estudios demoscópicos, encuestas y sondeos que tratan de ofrecer a la ciudadanía la predicción de lo que dirán las urnas basada, en principio, en el estudio científico y riguroso de los datos obtenidos.

Es por ello, que según Elórtegui Gómez (2019, p.15), "adelantarse a los movimientos [...], obtener ventajas competitivas en dinámicas de cambio o estar preparado para esa *"tormenta perfecta"*, generada por una crisis impredecible, son algunas de las condiciones imaginadas por la política para el control de su presente".

Este es sin duda el principal objetivo de las encuestas electorales, que no son sino un instrumento científico utilizado por los partidos políticos a través de las empresas e instituciones que las realizan como:

> ... un método de conocimiento y de expresión de la ciudadanía, dándole voz en los asuntos políticos, así como una herramienta en la consecución del poder. Las encuestas electorales son aquellas llevadas a cabo sobre temas relacionados con las campañas o en el momento electoral. Aunque una buena parte de éstas son de uso interno y privado para planear o ejecutar tácticas de uso interno en la organización de la campaña y en los partidos, otras se convierten en informaciones a las que se le da la mayor publicidad posible, tanto por parte de muchas organizaciones, con fines persuasivos, como de otros agentes de la arena electoral, como periodistas. (Bellia, L. y Echevarría, M. 2022, p. 120)

Partiendo de esta definición y de la instrumentalidad que proporcionan las encuestas electorales a la hora de recabar información de gran valor para las formaciones políticas cuando abordan procesos de elecciones, desde hace ya décadas, se asocia una contienda electoral con la proliferación de sondeos y encuestas que llenan cualquier canal de comunicación (informativos, redes sociales...) y provocan un clima de cierta ansiedad acerca del resultado final del mismo (Muñoz Tamayo y Mora Rodríguez, 2019).

Por otra parte, además de la necesidad de obtener información por parte de los partidos políticos, es necesario tener en cuenta el papel de los medios de comunicación y sus objetivos de informar, en una carrera frenética por dar la información más rápida y novedosa. Así pues:

> ...la competitividad entre los medios de comunicación es tan elevada que en muchos países se puede llegar a afirmar que no hay prácticamente día de la campaña electoral, en que no se publique una nueva encuesta electoral... Además, hay que tener en cuenta que los medios de comunicación informan, no sólo de las encuestas electorales realizadas expresamente para ellos por las empresas de opinión, sino también, de las encargadas y publicadas por otros medios y de las que les hacen llegar desinteresadamente diversas organizaciones (partidos, sindicatos, multinacionales...) (Gálvez Muñoz, 2011, p. 26).

Es necesario señalar la proliferación de trabajos que desde la industria demoscópica han surgido alrededor de las convocatorias electorales. Tanto desde organismos gubernamentales, como académicos o privados apoyados en un relativo éxito a la hora de pronosticar los resultados de esas elecciones. No obstante, estos trabajos no han estado exentos de polémica y, en muchos casos, han sido puestos en tela de juicio por quienes no salen beneficiados de los mismos, por instituciones contrarias ideológicamente e incluso por la opinión pública que, en muchos casos, muestra su desconfianza o rechazo hacia las encuestas. Si bien, la desinformación conduce a veces a tomar posturas erróneas ante los resultados de los distintos sondeos.

En el caso de España, por ejemplo, durante décadas, se han venido realizando gran número de encuestas y sondeos de opinión alrededor de todos los comicios generales, autonómicos y locales con una relativa aceptación de la ciudadanía, no exenta de una también relativa crítica desde algunos sectores políticos y sociales, y que se han incrementado con la publicación de los *trackings* electorales. Por ejemplo, en los últimos años, se ha producido un debate cruzado entre los detractores de las encuestas del Centro de Investigaciones Sociológicas (CIS), al que se le criticaba la manipulación de los datos para obtener resultados favorables al Gobierno del PSOE y quienes acusaban de falta de transparencia y ocultación de datos técnicos a la hora de elaborar sus encuestas las diversas empresas privadas, por encargo de distintos medios de comunicación o partidos políticos.

Debate que, en ningún caso favorece el trabajo demoscópico y que demuestra los riesgos que se producen a la hora de valorar los posibles resultados electorales basándose en las encuestas. En este sentido, hay que señalar los riesgos que para la democracia pueden tener las encuestas si no se advierten:

> ... las múltiples falacias, sesgos cognitivos, errores en la interpretación y significado de tales instrumentos estadísticos que pueden afectar la intención de voto, así como la legitimidad de las elecciones mismas. Se identifican al menos tres escenarios: desnaturalizar la elaboración del instrumento; manipular su contenido y resultados y la equivocada interpretación del alcance de las encuestas e inducir a cuestionamientos sobre el resultado de la elección popular. (Porter, 2022, p. 91)

Las encuestas electorales son un ejercicio lleno de dificultades que superan a las de tipo estadístico como la dificultad de obtener una muestra representativa, la dinámica de cambio en la intención de voto, la asignación del voto del electorado indeciso, la falta de respuesta o sinceridad y la asignación del número de escaños desde el porcentaje de voto (Caballé, Grima i Cintas y Marco Almagro, 2013). Por tanto, no todos los factores que explican las diferencias entre los resultados estimados mediante la encuesta y los reales tienen que ver con la propia encuesta, el diseño o el proceso de tratamiento de datos. Cuestiones como la veracidad de las respuestas o la volatilidad de la intención de voto, en una sociedad reflexiva y "líquida" como la actual, pueden ser también causa del resultado final.

Las encuestas son un instrumento científico que tienen gran validez y, las encuestas electorales, son de gran relevancia para conocer la opinión de la ciudadanía y sus intenciones. También son útiles al ciudadano de a pie, al que da voz y ofrece información significativa para su valoración (Peleteiro Ramos, 2017). Las encuestas son relevantes para el funcionamiento democrático, en tanto proporcionan información sobre el escenario electoral e informan a la ciudadanía de cuál es la opinión pública (compartida) de la realidad política. (Muñoz Tamayo y Mora Rodríguez, 2019).

2. CONOCIMIENTO DE LAS ENCUESTAS Y SONDEOS PREELECTORALES EN LAS ELECCIONES AUTONÓMICAS

Un aspecto interesante a la hora de valorar los resultados de unas elecciones es saber el grado de conocimiento que tiene la ciudadanía sobre la existencia de encuestas, la confianza en sus resultados y el impacto que dichos resultados tienen a la hora de emitir su voto a favor de uno u otro partido. Así como la importancia que tiene el grado de información o desinformación por parte del electorado a la hora de responder a una encuesta, tanto de la situación política como del conocimiento del mundo demoscópico.

En el estudio postelectoral elaborado sobre los comicios autonómicos del día 28 de mayo de 2023, por el Grupo de Investigación CEMOP de la Universidad de Murcia, se preguntó a los encuestados, entre otras cuestiones, si tenían conocimiento de alguna de las encuestas y sondeos electorales que este grupo ha hecho públicos durante la campaña electoral.

Apenas, el 19,3% de las personas encuestadas respondieron haber tenido conocimiento de las encuestas. Mientras, un 79% señaló no haberlo hecho. Datos muy significativos si además se tiene en cuenta la veteranía en la publicación de estos sondeos y su difusión en los principales medios de comunicación regionales e, incluso, nacionales.

De quienes votaron en dichas elecciones, un 21,2% respondió haber tenido conocimiento de las encuestas y sus resultados, frente al 77,3% que no las conocía o las ignoró, distanciándose más las cifras entre quienes dijeron no haber votado, sólo el 7,1% de quienes no emitieron su voto señaló haber conocido la existencia de dichas encuestas.

Tabla 1. Conocimiento de los resultados de alguna de las encuestas o sondeos preelectorales publicados por el CEMOP, según participación en las elecciones autonómicas a la Asamblea Regional del 28 de mayo de 2023 (%)

	Votó	No votó	Total
Sí	21,2	7,1	19,3
No	77,3	89,9	79,0
NS/NC	1,5	3,0	1,7
Total	100,0	100,0	100,0

Fuente: Estudio Postelectoral CEMOP – Elecciones Autonómicas Región de Murcia 2023.

Analizando los resultados según un conjunto de variables sociodemográficas, en lo que al género se refiere en primer lugar, los hombres (23,1%) se muestran más conocedores de los sondeos de opinión que las mujeres, ya que sólo un 15,2% de las féminas dicen atender a los resultados demoscópicos.

Gráfico 1. Conocimiento de los resultados de alguna de las encuestas o sondeos preelectorales publicados por el CEMOP, según género (%)

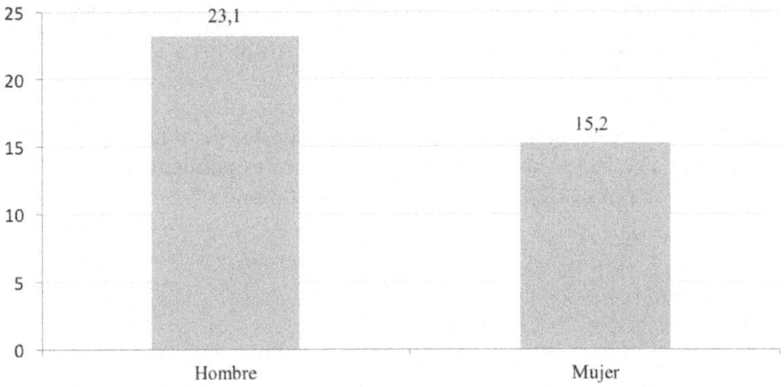

	%
Hombre	23,1
Mujer	15,2

Fuente: Estudio Postelectoral CEMOP – Elecciones Autonómicas Región de Murcia 2023.

Respecto a la edad de los encuestados, son tanto las personas entre 30 a 44 años (20,8%) como las pertenecientes al tramo de edad de 65 y más (20,8%) los grupos que mayor conocimiento tienen de las encuestas, siendo las personas de entre 18-29 (14,5%) las menos informadas. Pero, en todos los casos, presentan porcentajes muy bajos quienes responden sí.

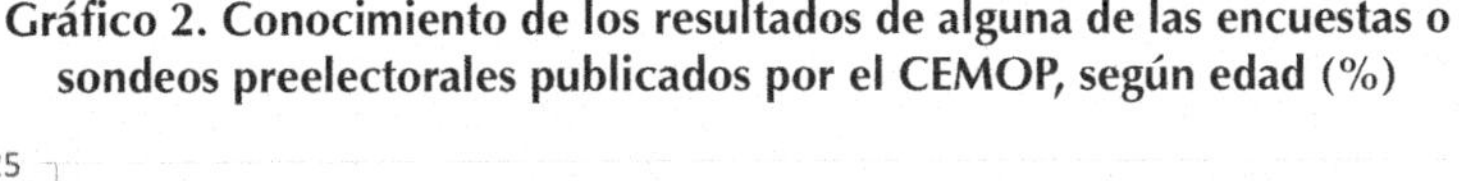

Gráfico 2. Conocimiento de los resultados de alguna de las encuestas o sondeos preelectorales publicados por el CEMOP, según edad (%)

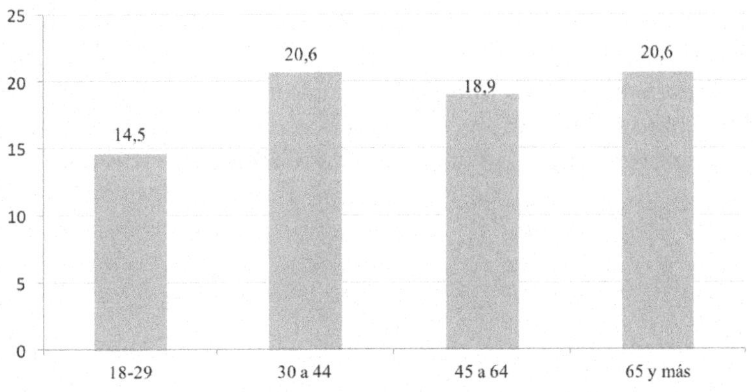

Fuente: Estudio Postelectoral CEMOP – Elecciones Autonómicas Región de Murcia 2023.

Fijando la atención en la actividad de las personas encuestadas, son quienes declaran estar en desempleo quienes en menor porcentaje prestan atención a las encuestas, de manera que un 86,8% no las conoce. Como se puede apreciar, un porcentaje muy elevado.

Gráfico 3. Conocimiento de los resultados de alguna de las encuestas o sondeos preelectorales publicados por el CEMOP, según situación laboral (%)

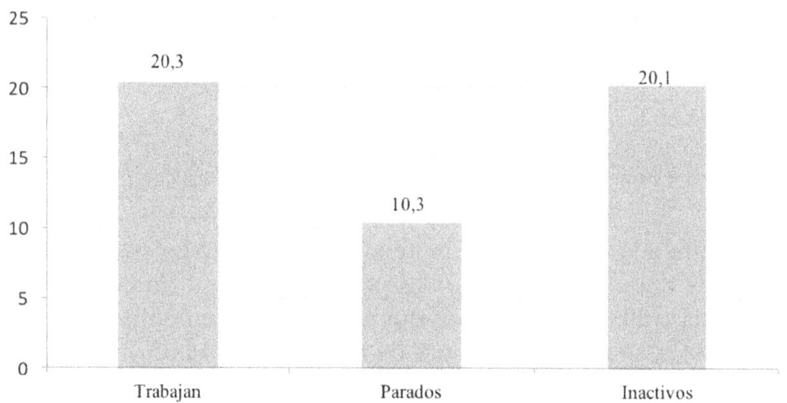

Fuente: Estudio Postelectoral CEMOP – Elecciones Autonómicas Región de Murcia 2023.

Teniendo en cuenta los estudios realizados por las personas que responden la encuesta, son los que tienen estudios universitarios (21,8%) quienes dan una respuesta positiva. Lo que supone muy poca diferencia con los que tienen cualquier otro nivel educativo (18%). Como se puede apreciar, los porcentajes de personas conocedoras de los resultados son muy bajos en todos los niveles educativos.

Gráfico 4. Conocimiento de los resultados de alguna de las encuestas o sondeos preelectorales publicados por el CEMOP, según nivel estudios (%)

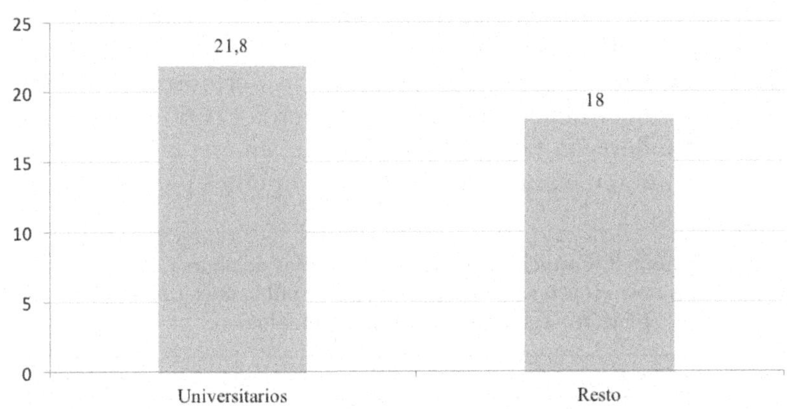

Fuente: Estudio Postelectoral CEMOP – Elecciones Autonómicas Región de Murcia 2023.

En cuanto a la distribución de encuestados, según la comarca a la que pertenecen, son los habitantes del Noroeste quienes muestran el porcentaje más alto de respuestas positivas (26,5%), siendo el Altiplano (17,4%) y Guadalentín (17,3) los que acumulan los porcentajes más bajos.

Tabla 2. Conocimiento de los resultados de alguna de las encuestas o sondeos preelectorales publicados por el CEMOP, según comarca (%)

	Altiplano	Guadalentín	Cartagena-Mar Menor	Huerta de Murcia	Noroeste
Sí	17,4	17,3	19,7	18,8	26,5
No	78,3	81,7	78,7	79,3	73,5
No sabe	4,3	1,0	1,6	2,0	0,0
Total	**100,0**	**100,0**	**100,0**	**100,0**	**100,0**

Fuente: Estudio Postelectoral CEMOP – Elecciones Autonómicas Región de Murcia 2023.

En el análisis de los resultados atendiendo a otras variables de tipo político, la variable ubicación ideológica de la persona entrevistada suele ser de gran relevancia a la hora de marcar resultados diferentes en diversas cuestiones del escenario político. En esta ocasión, se aprecia una ligera tendencia a un mayor conocimiento de las encuestas preelectorales en las elecciones autonómicas por quienes se identifican de extrema izquierda (22,2%) o izquierda (21,6%), juntos con los de centro derecha (22,4%). No obstante, en esta ocasión, los resultados se mueven en una diferencia de 3,4 puntos porcentuales.

Tabla 3. Conocimiento de los resultados de alguna de las encuestas o sondeos preelectorales publicados por el CEMOP, según posicionamiento ideológico (%)

	1 y 2	3 y 4	5	6	7 y 8	9 y 10
Sí	22,2	21,6	19,7	22,4	17,9	19,0
No	77,8	75,0	79,0	77,6	78,6	81,0
No sabe	0,0	3,4	1,3	0,0	3,4	0,0
Total	**100,0**	**100,0**	**100,0**	**100,0**	**100,0**	**100,0**

Fuente: Estudio Postelectoral CEMOP – Elecciones Autonómicas Región de Murcia 2023.

También es relevante conocer el interés por las encuestas preelectorales de la ciudadanía según el recuerdo de voto en las últimas elecciones autonómicas (2019). En este caso, son quienes votaron a Ciudadanos (36,8%) los que muestran mayor conocimiento de estos sondeos preelectorales, seguidos a continuación de UP (33,3%). Siendo, los votantes del PP quienes presentan el porcentaje inferior de conocimiento y atención a las encuestas (20,8%).

Gráfico 5. Conocimiento de los resultados de alguna de las encuestas o sondeos preelectorales publicados por el CEMOP, según recuerdo de voto en las elecciones autonómicas a la Asamblea Regional del 28 de mayo (%)

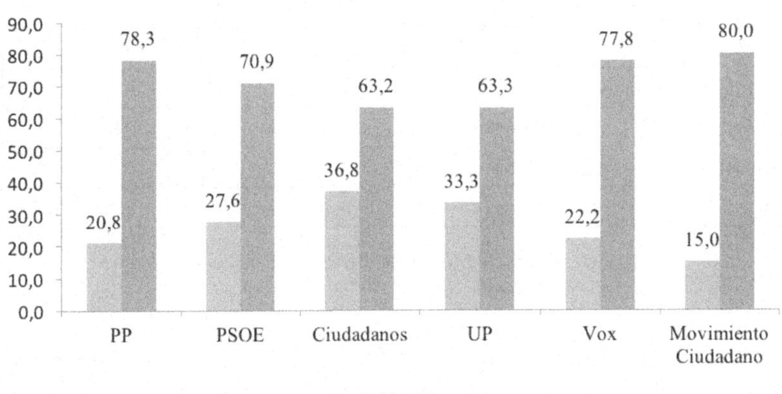

Fuente: Estudio Postelectoral CEMOP – Elecciones Autonómicas Región de Murcia 2023.

3. INFLUENCIA DE LAS ENCUESTAS Y SONDEOS PREELECTORALES EN EL ELECTORADO

A pesar de constatar un bajo seguimiento de las encuestas preelectorales para el caso de las elecciones autonómicas, cabe valorar el impacto que las mismas tienen entre aquellas personas que tuvieron conocimiento de las mismas.

En este sentido, se obtiene que el 70,8% de los entrevistados que si las conocía señaló que no les influyeron en absoluto, mientras que para un 21, 5% contribuyó a reforzar su decisión. Lo que demostraría que los resultados de las encuestas influyen poco en la decisión de los electores y, en caso de influir, lo hace en el sentido de reforzar la decisión tomada.

Tabla 4. Impacto de las encuestas y sondeos preelectorales publicados por el CEMOP en la decisión del voto (%)

	Votó	No votó	Total
Le animaron a votar	6,2	0,0	5,8
Le ayudaron a decidir el partido por el que votar	0,8	0,0	0,7
Reforzaron su decisión de votar por el partido que pensaba	21,5	0,0	20,4
Le animaron a votar por un partido distinto al que tenía pensado	0,8	0,0	0,7
No le influyeron en absoluto a la hora de votar	70,8	100,0	72,3
Total	**100,0**	**100,0**	**100,0**

Fuente: Estudio Postelectoral CEMOP – Elecciones Autonómicas Región de Murcia 2023.

Atendiendo al mismo conjunto de variables sociodemográficas, en lo que al género se refiere, las mujeres responden no haberse visto influenciadas en absoluto en mayor proporción que los hombres (73,6%). De igual modo, un 7,1% de los hombres señala que conocer el sondeo preelectoral le animó a votar, frente al 3,8% de las mujeres.

Para el caso de la edad, son las personas de 65 y más (74,4%) quienes más responden no haberse visto influenciados en absoluto por el resultado de los sondeos. Porcentaje, muy similar a los del tramo 45 a 64, (74,2%).

Tabla 5. Impacto de las encuestas y sondeos preelectorales publicados por el CEMOP en la decisión del voto, según género (%)

	Hombre	Mujer
Le animaron a votar	7,1	3,8
Le ayudaron a decidir el partido por el que votar	1,2	0,0
Reforzaron su decisión de votar por el partido que pensaba	20,2	20,8
Le animaron a votar por un partido distinto al que tenía pensado	0,0	1,9
No le influyeron en absoluto a la hora de votar	71,4	73,6
Total	**100,0**	**100,0**

Fuente: Estudio Postelectoral CEMOP – Elecciones Autonómicas Región de Murcia 2023.

Valorando la situación laboral, se observan algunas diferencias en el impacto de las encuestas preelectorales. En el caso de las personas inactivas el impacto casi único es el refuerzo de voto (22,8%). En el colectivo de personas empleadas, aunque el impacto principal es el refuerzo de voto (19,2%), también un 8,2% señala que le animaron a votar. Y más significativo es el impacto entre la población desempleada, donde el refuerzo desciende al 14,3% y se equipara con otro 14,3% para el que conocer las intenciones de voto le animaron a votar.

Tabla 6. Impacto de las encuestas y sondeos preelectorales publicados por el CEMOP en la decisión del voto, según situación laboral (%)

	Trabajan	Parados	Inactivos
Le animaron a votar	8,2	14,3	1,8
Le ayudaron a decidir el partido por el que votar	0,0	0,0	1,8
Reforzaron su decisión de votar por el partido que pensaba	19,2	14,3	22,8
Le animaron a votar por un partido distinto al que tenía pensado	1,4	0,0	0,0
No le influyeron en absoluto a la hora de votar	71,2	71,4	73,7
Total	**100,0**	**100,0**	**100,0**

Fuente: Estudio Postelectoral CEMOP – Elecciones Autonómicas Región de Murcia 2023.

En cuanto al nivel educativo, es relevante como entre la población universitaria, el conocimiento de las encuestas preelectorales les reforzó el voto decidido (27,5%), frente al resto de población de otros niveles educativos donde desciende el refuerzo (al 16,3%) y aumenta el deseo de votar (7,0%).

Tabla 7. Impacto de las encuestas y sondeos preelectorales publicados por el CEMOP en la decisión del voto, según nivel de estudios (%)

	Universitarios	Resto
Le animaron a votar	3,9	7,0
Le ayudaron a decidir el partido por el que votar	2,0	0,0
Reforzaron su decisión de votar por el partido que pensaba	27,5	16,3
Le animaron a votar por un partido distinto al que tenía pensado	0,0	1,2
No le influyeron en absoluto a la hora de votar	66,7	75,6
Total	**100,0**	**100,0**

Fuente: Estudio Postelectoral CEMOP – Elecciones Autonómicas Región de Murcia 2023.

Por comarcas los menos influenciables han sido los habitantes de Cartagena-Mar Menor, (83,3%) seguidos de la gente del Guadalentín (77,8%). Y, de nuevo, en el Noroeste hay una respuesta algo diferenciada del resto, señalando tanto un mayor impacto en el refuerzo de voto (30,8%) como en ánimo de votar (7,7%).

Tabla 8. Impacto de las encuestas y sondeos preelectorales publicados por el CEMOP en la decisión del voto, según Comarca (%)

	Altiplano	Guadalentín	Cartagena/ Mar Menor	Huerta de Murcia	Noroeste
Le animaron a votar	0,0	11,1	5,6	4,5	7,7
Le ayudaron a decidir el partido por el que votar	0,0	0,0	2,8	0,0	0,0
Reforzaron su decisión de votar por el partido que pensaba	25,0	5,6	8,3	28,8	30,8
Le animaron a votar por un partido distinto al que tenía pensado	0,0	5,6	0,0	0,0	0,0
No le influyeron en absoluto a la hora de votar	75,0	77,8	83,3	66,7	61,5
Total	**100,0**	**100,0**	**100,0**	**100,0**	**100,0**

Fuente: Estudio Postelectoral CEMOP – Elecciones Autonómicas Región de Murcia 2023.

En cuanto a las variables política, en relación con la ideología, son los votantes de centro izquierda (80,4%) y de centro derecha (80%) quienes menos se dejan influenciar por los resultados de los estudios de opinión. Es de destacar que la siguiente variable más respondida, por todas las categorías es "reforzaron su decisión de votar por el partido que pensaba". Lo que significa que los resultados de las encuestas influyen muy poco en el cambio de idea a la hora de votar, por parte de la ciudadanía.

Tabla 9. Impacto de las encuestas y sondeos preelectorales publicados por el CEMOP en la decisión del voto, según posicionamiento ideológico (%)

	1 y 2	3 y 4	5	6	7 y 8	9 y 10
Le animaron a votar	30,0	5,3	0,0	0,0	11,5	6,7
Le ayudaron a decidir el partido por el que votar	0,0	0,0	0,0	6,7	0,0	0,0
Reforzaron su decisión de votar por el partido que pensaba	20,0	26,3	17,4	13,3	23,1	26,7
Le animaron a votar por un partido distinto al que tenía pensado	0,0	0,0	2,2	0,0	0,0	0,0
No le influyeron en absoluto a la hora de votar	50,0	68,4	80,4	80,0	65,4	66,7
Total	**100,0**	**100,0**	**100,0**	**100,0**	**100,0**	**100,0**

Fuente: Estudio Postelectoral CEMOP – Elecciones Autonómicas Región de Murcia 2023.

Al analizar el recuerdo de voto, los votantes de todos los partidos políticos respondieron mayoritariamente que las encuestas "no le influyeron en absoluto", aunque siendo muy mayoritarias en el caso de anteriores votantes de Ciudadanos (85,7%) y Vox (80,0%). De nuevo, se marcan mayores diferencias atendiendo al partido votado en las elecciones autonómicas previas que por ubicación ideológica. La influencia en el refuerzo de voto es mayor entre votantes de UP (30%) y PP (27,7%) y la influencia en el deseo de ir a votar destaca entre votantes de UP (20%).

Gráfico 6. Impacto de las encuestas y sondeos preelectorales publicados por el CEMOP en la decisión del voto, según recuerdo de voto en las elecciones autonómicas a la Asamblea Regional del 28 de mayo (%)

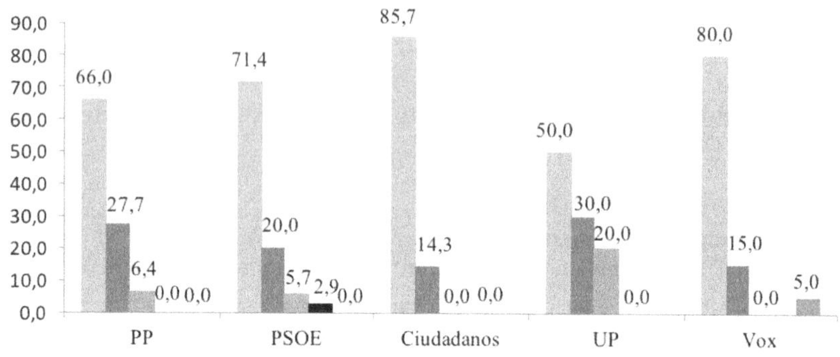

No le influyeron en absoluto a la hora de votar
Reforzaron su decisión de votar por el partido que pensaba
Le animaron a votar
Le ayudaron a decidir el partido por el que votar
Le animaron a votar por un partido distinto al que tenía pensado

Fuente: Estudio Postelectoral CEMOP – Elecciones Autonómicas Región de Murcia 2023.

4. CONCLUSIONES

El grado de conocimiento de las encuestas y sondeos electorales realizados por el CEMOP sobre las elecciones autonómicas a la Asamblea Regional del 28 de mayo de 2023 es muy bajo, apenas alcanza a una quinta parte de la ciudadanía. Dado este resultado, cabe preguntarse por algunas de las razones para ello, pudiendo destacar dos alternativas: una escasa o deficiente difusión de las mismas o un escaso o deficiente interés. Considerando la consolidación de las publicaciones del CEMOP y el contexto político regional, podría lanzarse la hipótesis de que ha habido un escaso interés por parte de la ciudadanía tanto por estas publicaciones como por otros elementos de la campaña, como por ejemplo los debates electores. Eso no quiere decir que no interese la política regional, sino que existen unas pautas o anclajes en el comportamiento electoral en el ámbito regional. Es decir, habría razones sociológicas regionales que podrían explicarlo. Eso sería coherente con el menor grado de conocimiento (¿e interés?) de mujeres, jóvenes o desempleados. Así pues, la publicación de los sondeos preelectorales ha impactado muy poco en el comportamiento electoral de la ciudadanía y, cuando lo ha hecho, ha sido para reforzar la decisión ya tomada respecto a la emisión de voto.

En este sentido, un bajo grado de conocimiento o posible desinterés de la ciudadanía por estos sondeos no es un resultado negativo para quienes contribuyen a ofrecer y difundir información rigurosa y generada mediante criterios científicos, sino para la propia democracia regional, para la capacidad reflexiva de la sociedad murciana y para su participación, activa, de la vida política en sociedad.

Capítulo 9

Dudas y abstención del electorado de izquierdas frente a la solidez del voto de derechas

KAOUTAR BAKDID ALBANE[1]
SALVADOR MANZANERA-ROMÁN

1. INTRODUCCIÓN

La participación de la ciudadanía en comicios es uno de los aspectos de mayor relevancia para cualquier sistema político democrático, dado que de ello depende el nivel de representación de los intereses del conjunto de la ciudadanía (Lijphart, 1997). Además, al estar fuertemente vinculada con los derechos políticos, civiles y sociales de la ciudadanía moderna de Marshall (1997), así como con la legitimidad de la clase política, resulta un buen indicador de la calidad democrática.

Numerosos estudios han considerado los diferentes factores o dimensiones de la participación electoral y la abstención en las diferentes democracias de nuestro entorno y de España y sus diferentes autonomías (Montero, 1984, 1986; Powell, 1986; Jackman, 1987; Justel, 1990; Blais y Dobrzynska, 1998; Anduiza, 1999, 2002; Boix y Riba, 2000; Geys, 2006; Riera, 2012; Stockemer, 2016). De hecho, sobre las causas de la participación electoral ha habido múltiples aproximaciones de acuerdo con Riera (2012), quien habla de enfoques que van desde lo teórico a lo empírico, determinando factores económicos, políticos o institucionales para explicar la participación electoral.

---

1 La participación de la autora Kaoutar Bakdid Albane ha sido posible gracias a la financiación del Ministerio de Universidades del Gobierno de España a través del "Programa estatal para desarrollar, atraer y retener talento-Contratos Predoctorales FPU" (Ref. FPU21/04363).

En el caso de España, la participación en las elecciones generales ha sido elevada ya que el derecho al voto es considerado como un deber u obligación desde la Transición (García, 1997) aun por algo más de un tercio del electorado (CIS, 2016; 2019). Todo ello, a pesar de que, en los inicios de la restauración democrática, el abstencionismo creciente hasta 1982 fue percibido como una amenaza para el desarrollo del nuevo sistema político como forma de gobierno (Justel, 1990). Superado ese momento crucial, el abstencionismo no superó el 30% en las siguientes citas electorales a excepción de los comicios de 2011, 2015 y 2016. En las elecciones generales de 2019, la abstención quedó reducida al 25,2%, mientras que en las últimas de 2023 permaneció ligeramente por debajo del 30%. Los motivos que tradicionalmente aduce el electorado para no participar en los comicios son diversos, aunque destacan la falta de confianza en alguno de los partidos políticos que concurren a las elecciones, la falta de representación de estos, así como el hartazgo con la política y las elecciones (CIS, 2016, 2019, 2023).

Ligado a la participación electoral y a la abstención se encuentra el momento de decisión del voto por parte del electorado, es decir, antes o durante la celebración de las campañas electorales. Estas son un elemento fundamental de comunicación política en cualquier proceso electoral al ser el instrumento principal por el que se ofrece la información al electorado, a pesar de su mediatización por líderes de opinión (Crespo, Garrido, Carletta y Riorda, 2011; Crespo, Mora y Belmonte, 2020). De acuerdo con García y Ortiz (2013), el efecto más común de cualquier campaña electoral es la consolidación de las orientaciones políticas previas del electorado, siendo más intenso este fenómeno cuanto mayor sea la identificación ideológica. Solamente cabría esperar una variación si se produce un evento relevante que trastoque el normal discurrir de la campaña. Por tanto, parece que el análisis del momento de decisión del voto puede ser un buen indicador de la utilidad y conveniencia de las campañas electorales para definir el sentido del voto y, por otro lado, determinar el grado de indecisión del voto del electorado.

A partir de la información proporcionada por la Encuesta Postelectoral realizada por el CEMOP entre los días 29 de mayo y 6 de junio de 2023 se analiza, por un lado, la participación, la abstención, la solidez del voto emitido en las elecciones autonómicas analizadas, así como la intención del voto del electorado abstencionista y, por otro lado, se estudia el momento de decisión del voto del electorado. Finalmente, se exponen las principales conclusiones.

2. PARTICIPACIÓN, ABSTENCIÓN ELECTORAL, SOLIDEZ DEL VOTO E INTENCIÓN DEL VOTO DEL ELECTORADO ABSTENCIONISTA

Este apartado está dedicado, en primer lugar, al análisis de la participación y abstención electoral en las elecciones a la Asamblea de la Región de Murcia de mayo de 2023 y, en segundo lugar, al estudio de la solidez del voto emitido en dichos comicios, así como de la intención del voto del electorado abstencionista.

2.1. Participación y abstención electoral

La participación en las elecciones a la Asamblea de la Región de Murcia celebradas el 28 de mayo de 2023 quedó en el 63,3%, permaneciendo la abstención en el 36,7%. Estos datos son muy similares a los que se dieron en las elecciones autonómicas de 2019 y 2015, siendo la participación en estos comicios de un 62,3% y 63,6%, respectivamente. La estabilidad de este porcentaje puede responder a distintos factores e, incluso, a motivos específicos y propios de cada una de las citas electorales, como puede ser, entre otros, la percepción que se tenga de lo reñido del resultado final (Blais, 2008). No obstante, se puede considerar que el electorado convocado para las elecciones a la Asamblea de la Región de Murcia no percibió que los comicios de 2023 fueran importantes, críticos o de cambio (García y Martínez, 1997; García, 2015) o que su resultado pudiera estar reñido (Blais, 2008), lo que pudo alentar, aparentemente, cierto desinterés por la política y el resultado electoral (Justel, 1990). Es decir, el electorado no entendió que fuera necesaria su participación para evitar o provocar un cambio, o que su voto pudiera tener relevancia, tal y como ocurrió en las elecciones autonómicas del año 1995 cuando se alcanzó una participación electoral del 75,2% provocando un cambio de partido en el gobierno pasando de PSOE a PP.

El análisis de la participación electoral en las elecciones autonómicas a la Asamblea de la Región de Murcia de mayo de 2023 indica que la mayoría (86,1%) de las personas entrevistadas en la encuesta post-electoral del CEMOP decidieron ir a votar y votaron, mientras que sólo un 7,5% prefirió no hacerlo y un 6,5% no fue a votar por algún motivo que se lo impidió. Aparte del abstencionista forzoso, también existe otro de carácter voluntario (Justel, 1990) y que, desde el inicio del período democrático, aduce motivos que se circunscriben al desinterés por la política y el resultado electoral, el sentimiento de pérdida de utilidad del voto, decepción en relación con el partido votado y la falta de atractivo de otras opciones políticas (Justel, 1990). Estas razones que son propias de las primeras elecciones aún parecen aducirse, en términos generales, en la actualidad. Según el Estudio Postelectoral de las Elecciones Generales de 2016 del Centro de Investigaciones Sociológicas (CIS) (2016), los motivos se concretan en el hartazgo de la política y de las elecciones, la falta de representación de las opciones políticas, pues no había ninguna opción que les satisficiera, y la falta de confianza en la clase política y los partidos. Estos mismos motivos fueron indicados por el electorado abstencionista en las Elecciones Generales de 2019 (CIS, 2019) y en las Elecciones Autonómicas de 28 de mayo de 2023 (CIS, 2023), aunque en los comicios de 2019 se incorporó la indiferencia por los resultados o lo que es lo mismo, la falta de utilidad del voto (CIS, 2019).

Los porcentajes de participación indicados anteriormente se mantienen en el mismo nivel tanto para hombres como para mujeres. No obstante, el porcentaje de hombres que fue a votar y votó (87,3%) superó al de mujeres (84,8%) en aproximadamente tres puntos porcentuales, mientras que, cuando se trata de la abstención se dio el caso contrario.

Si se tiene en cuenta la edad, se comprueba la existencia de una relación directamente proporcional pues, a mayor o más edad es mayor el porcentaje de votantes que decidieron ir a votar y votaron, pasando de un 80,3% entre los/as votantes menores de 29 años, a ser del 89,9% en los/as votantes mayores de 65 años.

Considerando el hábitat, se observa una relación inversamente proporcional entre el tamaño del hábitat y la participación, de manera que en las poblaciones más pequeñas de la Región de Murcia se dio una mayor participación y, por el contrario, el porcentaje de personas que prefirieron no ir a votar fue mayor en la ciudad de Murcia (12,1%), en relación con los municipios de menos de 10.000 habitantes (2,6%). En la misma línea, en cuanto al porcentaje de personas que no pudieron ir a votar, los municipios de entre 50.001 y 300.000 y a partir de 300.000 habitantes presentan el porcentaje más alto, siendo ambos del 7,8%.

Teniendo en cuenta la ocupación de los/as votantes, se observa que las personas que se encuentran en situación de inactividad y quienes trabajan son las que más compromiso con la acción de voto tienen (89,8% y 85,0%, respectivamente), en comparación con aquellos en situación de paro (76,5%). De este último grupo, el 13,2% prefirió no ir a votar y el 10,3% no pudo ir a votar.

Si se tiene en cuenta la ideología del electorado, se observa que la participación es mayor en los extremos de la escala ideológica, lo que responde a la lógica de un escenario político fuertemente polarizado. En cuanto a la abstención, los porcentajes más altos se dan en las posiciones ideológicas de centro y centro-izquierda. Diferenciando entre el electorado abstencionista voluntario y el forzoso, se observa que el electorado de centro-izquierda fue más numeroso en el primer tipo, mientras que el de centro y de extrema derecha lo fue en el segundo.

En cuanto al partido político que votaría el electorado suponiendo que se celebrasen elecciones autonómicas de manera inmediata, entre los que afirman que fueron a votar y votaron, el 31,4% votaría PP, seguido de PSOE (19,4%), VOX (14,2%), UP (4,6%) y Ciudadanos (2,1%). Entre el grupo que decidió no ir a votar, el 17,0% votaría PSOE, seguido de VOX (7,5%) y PP (5,7%). Es significativo el porcentaje de personas que votaría PP pero no pudo votar, pues supone un 39,1% del grupo de personas que no pudieron votar, seguido con mucha diferencia de PSOE (13,0%), UP (6,5%) y VOX (4,3%).

2.2. *Solidez y sentido del voto del electorado abstencionista*

El análisis del voto tanto de las personas que votaron como de las que se abstuvieron y que fueron preguntadas tras saber el resultado electoral resulta de utilidad para determinar el nivel de convencimiento del electorado con el voto emitido o con la abstención.

Para el primero de los casos, es decir, para las personas que votaron, los datos señalan que la mayoría (90,8%) habría votado por el mismo partido que lo hicieron, mientras que tan sólo un 3,6% habría modificado su voto. Los electores más estables son las personas mayores de 65 años, mientras que los jóvenes de entre 18 y 29 años son quienes muestran arrepentimiento en mayor proporción. Teniendo en cuenta el hábitat, el electorado de las poblaciones menos habitadas es el más convencido de su voto (97,3%), mientras que el propio de las cuatro grandes ciudades de la Región de Murcia es el que en mayor proporción habría cambiado su voto.

En consonancia con estos resultados y considerando la ideología del electorado, se comprueba que existe una relación directa entre el convencimiento sobre el voto emitido y el grado de conservadurismo. Así, quienes se posicionan en la extrema derecha son los que muestran un sólido convencimiento sobre su voto en mayor medida (98,5%) y, por el contrario, los posicionados en la extrema izquierda son quienes muestran convencimiento en menor proporción (85,4%), teniendo más dudas sobre la elección realizada.

En cuanto a las personas que no votaron, se observa que un 25,3% habría votado PSOE, seguido de PP (23,2%), VOX (12,1%) y UP (4,0%). Las mujeres (56,6%) habrían votado en mayor medida a partidos tradicionales en comparación con los hombres (39,1%), aunque cabe destacar que el 19,6% de los hombres habría votado VOX y un 7,5% de las mujeres a UP. Al considerar la edad, se aprecia que el electorado abstencionista que habría votado PP es en su mayoría aquel mayor de 65 años (42,1%) y menor de 29 años (26,7%); el electorado abstencionista que habría votado PSOE se distribuye a partes iguales en las diferentes cohortes de edad consideradas, aunque despunta la de edades comprendidas entre los 30 y los 44 años (35,7%); el electorado abstencionista que habría votado UP es mayoritariamente el de personas con edades entre los 30 y 44 años; finalmente, el electorado que no fue a votar y que habría votado VOX es muy homogéneo, pues los porcentajes de las cohortes de edad son muy similares. En cuanto al hábitat, se observa que el 80,0% de personas de municipios de menos de 10.000 habitantes habría votado a partidos tradicionales como PSOE y PP, mientras que tan solo un 53,7% del electorado de la ciudad de Murcia que no votó habría votado por PP (22,0%) y PSOE (31,7%). No obstante, destaca el hecho de que el posible voto a opciones progresistas del electorado abstencionista se da, principalmente, en los núcleos urbanos de mayor población, mientras que ocurre lo contrario con las opciones conservadoras de PP y, sobre todo, de VOX.

Teniendo en cuenta la ideología, se observa que PSOE habría sido la opción mayoritariamente escogida por los/las abstencionistas que se ubican en las posiciones de extrema-izquierda 1 y 2, así como en las posiciones de centro-izquierda 3 y 4 en su disputa con UP. Igualmente, habría sido la opción más elegida por parte del electorado de la posición central 5, aunque muy a la par de UP y PP. Por otro lado, el 61,5% del electorado que no fue a votar y que se ubica en la posición 6 habría votado PP por el 30,8% que hubiera votado PSOE. Finalmente, VOX habría sido la opción mayoritariamente votada por el electorado de las posiciones de centro-derecha 7 y 8 en su pugna con PP, y este último partido habría sido el más votado por el electorado abstencionista que se identifica en las posiciones de extrema-derecha 9 y 10. Vistos los resultados, PP, PSOE e incluso VOX son partidos que habrían recogido voto abstencionista de un amplio espectro de posiciones ideológicas, mientras que UP lo habría hecho de los abstencionistas que se identifican en posiciones de extrema-izquierda e izquierda.

3. MOMENTO DE DECISIÓN DEL VOTO

En este apartado se analiza el momento de decisión del voto de las personas que fueron a votar, siendo un buen indicador de la utilidad y conveniencia de las campañas electorales para definir el sentido del voto y, por otro lado, determinar el grado de indecisión del voto entre el electorado.

Los resultados de la Encuesta Postelectoral del CEMOP señalan que la mayoría del electorado (71,9%) lo tenía decidido antes de la campaña electoral o al inicio de esta (5,2%), mientras que menos de la sexta parte (15,5%) decidió su voto durante la campaña y el 7,2% lo decidió el mismo día de las elecciones. Por tanto, tan sólo el 28,1% del electorado esperó a la campaña y conocer las propuestas de los diferentes partidos políticos para tomar la decisión de voto. La comparación de estos datos con los ofrecidos por el estudio 3410 del CIS (2023), permite comprobar que, para el total del electorado español convocado para las elecciones autonómicas y municipales de 28 de mayo, un 37,2% dijo haber decidido su voto durante la campaña. Por tanto, la campaña electoral de la Región de Murcia fue menos decisiva que en el conjunto de territorios en los que se convocaron las elecciones municipales y autonómicas.

El comportamiento por sexo fue diferente, pues son más las mujeres quienes decidieron su voto durante la campaña electoral (30,2% frente a un 26,2% de los hombres). Igual ocurre con los jóvenes menores de 18 a 29 años en relación con las personas mayores de 65 años, pues estos son quienes en mayor proporción declararon haber decidido su voto antes de la campaña electoral (75,3% frente a un 65,6%). En relación con el hábitat, los resultados indican que las personas que habitan en entornos rurales tuvieron decidido su voto en mayor porcentaje (78,1%) que quienes viven en entornos urbanos de más de 300.000 habitantes como el de la ciudad de Murcia (67,9%). De hecho, más de una cuarta parte de los electores de Murcia y área metropolitana tomó la decisión de su voto en el transcurso de la última semana de campaña electoral y hasta un 9,1% lo decidió el mismo día de las elecciones.

Por otro lado, considerando la ideología del electorado, parece que la decisión del voto es más sólida en los extremos del espectro ideológico. Por contra, el electorado de las posiciones más moderadas de izquierda (3 y 4) y el centro (5) fue el que consideró en menor proporción que ya tenía decidido el voto antes de la campaña electoral. Las dudas para decidir el voto por parte del electorado de izquierdas quedan corroboradas al comprobar que una parte significativa de éste concretó su voto en los últimos días de las elecciones o en el mismo día.

Resulta de interés el análisis del momento de decisión del voto, teniendo en cuenta el recuerdo de voto en las últimas elecciones autonómicas del año 2019. Según los datos de la Encuesta Postelectroral del CEMOP, las personas votantes de PP (80,2%) y de VOX (72,9%) fueron las que en mayor porcentaje tenían decidido su voto antes de la campaña electoral. Por el contrario, el electorado que votó PSOE y UP en los anteriores comicios fue el que en menor porcentaje tenía decidido su voto previamente a la campaña. De hecho, el 10,2% del electorado de PSOE decidió su voto el mismo día de las elecciones.

4. CONCLUSIONES

El análisis de los resultados obtenidos de la Encuesta Postelectoral realizada por el CEMOP entre los días 29 de mayo y 6 de junio de 2023 ha permitido profundizar en el conocimiento de la naturaleza de la participación, abstención y momento de decisión del voto del electorado de la Región de Murcia.

En primer lugar, cabe la consideración de que el nivel de participación en estos comicios municipales y autonómicos de 2023 se mantuvo estable en relación con las citas electorales de 2019 y 2015. En cuanto al compromiso con la acción de voto, éste se dio en mayor medida en los hombres, así como en los mayores de 65 años, pues se observó una relación notablemente significativa entre edad y participación, ya que a más edad se aprecia un mayor compromiso con la acción de voto. Igualmente, la participación depende mucho del tamaño del municipio en el que resida el electorado, pues, cuanto menor es el número de habitantes del hábitat, mayor es la participación. Por otro lado, se ha observado que la participación es mayor en los extremos de la escala ideológica, lo que parece un comportamiento acorde con el contexto de la fuerte polarización de la política española en la actualidad.

En segundo lugar, la abstención se mantuvo en niveles semejantes a los de anteriores comicios, de manera que el electorado de la Región de Murcia volvió a considerar esta cita electoral como poco relevante a efectos de un cambio en los resultados de citas anteriores. Este hecho se debe a que la abstención se concentró en los principales núcleos urbanos de la Región de Murcia y entre el electorado que se identifica en la posición ideológica de centro-izquierda. Para completar el perfil sociodemográfico de la abstención, se debe decir que ésta fue mayor entre las mujeres y los jóvenes menores de 29 años. En cuanto a la ocupación, fueron las personas paradas las que se abstuvieron del voto en mayor proporción que las ocupadas o aquellas que se encontraban en situación de inactividad.

En tercer lugar, se puede decir que las campañas electorales tienen una utilidad limitada para la decisión del voto, aunque resultan más convenientes para la toma de decisión de mujeres, jóvenes menores de 30 años y personas que habitan entornos urbanos. Además, se comprueba que en las elecciones autonómicas de 2023 la indecisión y las dudas se adueñaron del electorado de izquierdas en mayor medida que del electorado de derechas. La solidez del voto de las opciones políticas de derechas fue mayor que el del electorado autoidentificado en las posiciones ideológicas de izquierda y extrema izquierda.

En definitiva, se puede decir que la abstención perjudicó el resultado electoral de los partidos de izquierda y, especialmente, a PSOE, ya que la indecisión y las dudas se adueñaron del electorado de izquierdas en mayor medida que del electorado de derechas. De hecho, una vez conocidos los resultados, el electorado abstencionista de opciones políticas de izquierda mostró cierto arrepentimiento con su decisión de no ir a votar, mientras que el electorado de fuerzas políticas de derecha mostró su satisfacción con el resultado, reforzando al ganador de las elecciones a la Asamblea de la Región de Murcia de mayo de 2023.

Capítulo 10
El comportamiento electoral, entre la razón y la emoción[1]

KAOUTAR BAKDID ALBANE[2]
JUAN JOSÉ GARCÍA ESCRIBANO

1. INTRODUCCIÓN

En teoría, en un sistema democrático representativo, la ciudadanía, antes de depositar el voto en la urna, analiza desde la racionalidad las distintas opciones que ofrecen las fuerzas políticas que concurren a los comicios. Sin embargo, en la práctica, el comportamiento electoral está mediado por diferentes variables, de las cuales algunas son substancialmente subjetivas, como las emociones, aunque éstas han sido bastante desechadas en la explicación de la política. Lawler (1999) define las emociones como "estados evaluativos, positivos o negativos, de duración relativamente breve, que tienen elementos neurológicos y cognitivos. Las emociones son estados internos que no están bajo el control total de los actores" (p. 219). En términos similares, para Brader (2006), las emociones son "disposiciones fisiológicas y mentales disparadas en el cerebro en respuesta a la impor-

---

1 Los autores de este capítulo agradecen el apoyo recibido para su elaboración por parte de la Fundación Séneca-Agencia de Ciencia y Tecnología de la Región de Murcia a través de la convocatoria de Ayudas a proyectos para el desarrollo de investigación científica y técnica por grupos competitivos, incluida en el Programa Regional de Fomento de la Investigación Científica y Técnica de Excelencia (Plan de Actuación 2022). Proyecto con código de referencia 21876/PI/22, 2022-2024 y título "Polarización afectiva en la Región de Murcia. Un estudio sobre sus causas (Proyecto Polariza)"

2 La participación de la autora Kaoutar Bakdid Albane ha sido posible gracias a la financiación del Ministerio de Universidades del Gobierno de España a través del "Programa estatal para desarrollar, atraer y retener talento-Contratos Predoctorales FPU" (Ref. FPU21/04363).

tancia percibida de una situación o un objeto para los objetivos del individuo" (p. 51). Sin embargo, como señala Bericat (2015):

> "las emociones sentidas por el sujeto nunca deben ser consideradas como simples respuestas mecánicas o fisiológicas a las variaciones producidas en el entorno. Tal y como han puesto de relieve diversas teorías, la experiencia emocional de un sujeto dependerá de muchos factores: de cómo valore consciente y/o inconscientemente los hechos; de a qué/quién atribuya la causa/responsabilidad de esos hechos; de sus expectativas ante la situación; de la identidad social activa en cada momento; o de la identificación del sujeto con otras personas, grupos o colectivos" (p. 493).

2. EMOCIONES Y POLÍTICA

En los últimos años, aunque las distintas disciplinas científicas no terminan de ponerse de acuerdo en cómo definir las emociones y distinguirlas de otros sentimientos semejantes, como los estados de ánimo o las pasiones (Dixon, 2012), cada vez hay un mayor consenso en señalar la importancia de las emociones en la política (Demertzis, 2013; Redlawsk, 2006). Como Demertzis (2020) señala, "atrás quedaron los días en que destacados académicos dudaban en postular que [...] la política está profundamente arraigada en la emocionalidad; la pregunta ahora es cómo los sociólogos y psicólogos políticos deben teorizar sobre el nexo, que se da por supuesto, entre política y emociones" (p. 200). Nussbaum (2014) indica que "todas las sociedades están llenas de emociones. Las democracias liberales no son ninguna excepción. El relato de cualquier jornada o de cualquier semana en la vida de una democracia (incluso de las relativamente estables) estaría salpicado de un buen ramillete de emociones: ira, miedo, simpatía, asco, envidia, culpa, aflicción y múltiples formas de amor" (pp. 13-14). Fernández Poncela (2020) señala que la "neurociencia incluso afirma que las emociones son las que predominan en el espacio electoral y las ciencias sociales cada vez más se acercan a esta posición" (p. 117). En su obra *Estados nerviosos. Cómo las emociones se han adueñado de la sociedad*, Willian Davies (2019) analiza cómo las emociones han colonizado el discurso político, prescindiendo del debate racional e informado. Por su parte, el reputado psicólogo estadounidense Drew Western (2007), en su libro *The Political Brain: The Role of Emotion in Deciding the Fate of the Nation* afirma que el "cerebro político es un cerebro emocional. No es una máquina calculadora desapasionada [...] Los electores de nuestro estudio eran [...] brillantes, educados y políticamente conscientes [...] Y sin embargo pensaron con sus entrañas" (p. XV).

A comienzos de los años 90 del siglo pasado, Caroll E. Izard (1991) proponía un modelo de diez emociones básicas, primarias o universales (alegría, sorpresa, tristeza, interés, ira, asco, desprecio, miedo, culpa y vergüenza), pero en los últimos tiempo bastantes autores se decantan por la existencia de únicamente seis emociones básicas: alegría, sorpresa, tristeza, ira, asco y miedo (Damasio, 2000; Matsumoto y Ekman, 2009), e incluso alguno, como Antoni y Zentner (2014) las reducen a cuatro: miedo, rabia, alegría y tristeza. La culpa, la vergüenza, el amor, el resentimiento, la decepción o la nostalgia serían emociones secundarias (Bericat, 2012). Para entender una emoción siempre es indispensable comprender el contexto y la relación social que la provoca. El miedo, el desprecio, la ira o la decepción están estructuralmente presentes en la actualidad en casi todos los espacios y relatos políticos, aunque también pueden identificarse otras emociones como el orgullo, la satisfacción, la nostalgia o la esperanza. El problema es que "no existe acuerdo en el ámbito de la psicología cognitiva, y mucho menos en el de la ciencia política, sobre cuáles son las emociones que se deben medir para explicar el comportamiento político" (Jaráiz, Lagares y Pereira, 2020, p. 117).

3. UNA CAMPAÑA BASADA EN MENSAJES CON CONTENIDOS EMOCIONALES

En las elecciones locales y autonómicas del 28 de mayo de 2023, los discursos políticos han estado saturados de contenidos emocionales: la instigación al miedo ante un posible triunfo de partidos políticos radicales o situados en pociones extremas, como Vox o EH Bildu, la exaltación de sentimientos identitarios españolistas frente a los generados por los nacionalismos periféricos, las supuestas maldades del "sanchismo", el cuestionamiento de la crisis climática y, por ende, la menosprecio de las verdades científicas, el fomento de mensajes contrarios a la igualdad de género y a la diversidad, etc. Estos discursos han provocado respuestas emocionales por parte del electorado y han jugado un importante papel en su movilización o desmovilización, así como en su adhesión o rechazo a determinadas fuerzas políticas. Jerit (2004) sostiene que los mensajes políticos con contenidos emocionales "son poderosos precisamente porque proyectan imágenes universalmente valoradas o vilipendiadas" (p. 566), y añade que "los argumentos que incitan al miedo o la ira parecen especialmente buenos para resolver una de las 'tensiones esenciales' de una campaña: la necesidad de movilizar a los partidarios del partido propio y al mismo tiempo atraer el apoyo de los no comprometidos" (p. 567). Sin embargo, como señalan Crespo, Garrido y Rojo (2022):

> "las campañas basadas en la ira son esencialmente movilizadoras, en particular de sujetos que aun concienciados políticamente no están activados electoralmente. Cuando se inicia el periodo de campaña, el relato que se ha generado a partir de la ira debe estar ya instalado en los cerebros de los públicos objetivo y pasar a formar parte de la comunicación y de la estrategia de la campaña. Se inicia entonces una segunda fase, que conecta con las campañas en positivo, aquellas centradas en emociones como la esperanza o la alegría, y el relato desarrolla un estadio superador del malestar" (p. 181).

4. SENTIMIENTOS LIGADOS AL COMPORTAMIENTO ELECTORAL EN LAS ELECCIONES AUTONÓMICAS DE 2023 EN LA REGIÓN DE MURCIA

En las pasadas elecciones autonómicas celebradas en la Región de Murcia, el 34,0% de las personas que votaron por un partido político afirma que lo hizo "con entusiasmo", un sentimiento que, aunque, como señalan Crespo, Garrido y Rojo (2022), sucede antes de que se tome conciencia de la propia emoción y se produce antes de que haya un motivo de alegría, proviene de esa emoción básica que se ocasiona como respuesta a un hecho que percibimos como beneficioso. El entusiasmo parte de la confianza en que ese partido o ese líder al que se está votando encarna la promesa de algo por venir que es deseado por la persona que vota. Si comparamos este porcentaje con los resultados del estudio postelectoral de los comicios autonómicos de 2019 elaborado por el CEMOP, el "entusiasmo" se situó en aquella fecha en 9,1 puntos porcentuales por debajo del porcentaje de 2023, aunque las actitudes emocionales positivas ("entusiasmo" +

"satisfacción") se sitúan en cifras parecidas: un 59,3% en 2019 por un 61,6% en la actualidad. Por género, las mujeres (35,4%) votaron con más entusiasmo que los hombres (33%), mientras que, por edad, el electorado de más años (40,7%) lo hizo en mayor medida que los más jóvenes (32,8%). Por último, mientras que las elecciones de 2019 el entusiasmo era señalado principalmente por los electores de Vox y del PSOE, en las de 2023 los votantes de Unidas Podemos (36,7%), del PP (35,8%), de Vox (34,4%) y del PSOE (33,1%) muestran mucho mayor entusiasmo al acudir a las urnas que los electores de Ciudadanos (21,1%), algo que es congruente con la propia situación de declive del partido naranja.

Gráfico 1. Sentimiento con el que se votó en las elecciones autonómicas. Región de Murcia, 2023

Con entusiasmo	Con satisfacción	Con ciertas dudas	Porque se trataba del mal menor	Para evitar que ganase otro partido	NS /NC
34,0	27,6	13	7,9	15,5	1,9

Fuente: Estudio Postelectoral CEMOP – Elecciones Autonómicas Región de Murcia 2023.

El segundo sentimiento expresado por el electorado murciano es el de "satisfacción" (27,6%) en el momento de acercarse a las urnas, una nueva emoción positiva que exterioriza un estado de complacencia por haber hecho realidad un deseo o por hacer lo que se entiende como correcto. Esta satisfacción podría venir motivada solamente por lo que Riker y Ordeshook (1968) denominan la "ética del votar", es decir, por no defraudar lo que se espera que haga si ha sido socializado en la tradición democrática, o bien por afirmar y fortalecer una preferencia partidista. Si se compara con los resultados del estudio postelectoral de los comicios autonómicos de 2019, en aquellos momentos este sentimiento era señalado por el 34,4% de las personas entrevistadas, es decir, 6,8 puntos porcentuales más que ahora. Por género, mujeres y hombres manifiestan su satisfacción por haber votado a un determinado partido con parecida intensidad (27,5% y 27,7%, respectivamente), no habiendo tampoco grandes diferencias entre los distintos grupos de edad. Las principales diferencias se producen entre las opciones partidistas expresadas, y así, los votantes de Vox (31,1%) y del PP (31%) son los que manifiestan una mayor satisfacción al depositar su voto, en tanto que los del PSOE (22%), los de Ciudadanos (26,3%) y los de Unidas Podemos (26,7%) son los que en menor grado proclaman ese sentimiento de satisfacción. Los socialistas son los que en menor medida se muestran satisfechos con su voto, cuando en 2019 este sentimiento era el que en mayor medida se señalaba por los votantes del PSOE, llegando al 42,1%, es decir, unos 20 puntos porcentuales más que en 2023.

Gráfico 2. Sentimiento con el que se votó en las elecciones autonómicas, según sentido del voto. Región de Murcia, 2023

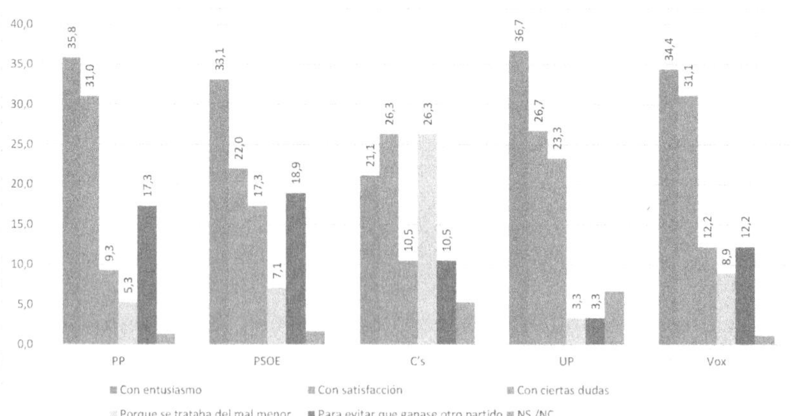

Fuente: Estudio Postelectoral CEMOP – Elecciones Autonómicas Región de Murcia 2023.

A continuación, aparece un sentimiento formulado en negativo: votar a un partido para evitar que gane otro: un 15,5% del electorado advierte que esa era su intención al ejercer su derecho al voto. Este sentimiento, que se dispone más "en contra de" que "a favor de", expresa temor o miedo a que gobierne un partido del que se muestra una gran desconfianza porque pueda ser dañino para la Región o para sus intereses o ideas individuales. El miedo es siempre una emoción producida por la percepción de una amenaza a la propia seguridad (Izard, 1991) que puede producir sentimientos de ansiedad o angustia y que lleva a buscar una respuesta ante el peligro: en este caso votar a un partido, aunque no se esté totalmente de acuerdo con sus posiciones, para evitar que gane otro que es visto como una amenaza. De nuevo, no hay diferencias importantes acerca de este sentimiento entre mujeres (15,6%) y hombres (15,4%), pero si las hay respecto de los diferentes grupos de edad: el 24,2% de las personas entrevistadas de entre 18 y 29 años manifiesta haber votado para evitar que ganase otro partido, mientras que sólo lo hace el 11,4% de las personas de 65 o más años. Por último, los votantes del PSOE (18,9%) y del PP (17,3) son los que en mayor proporción manifiestan este sentimiento de haber votado por rechazo o en negativo y los que menos los de Unidas Podemos (3,3%).

En la naturaleza humana, la inclinación a creer es tan fuerte como la inclinación a dudar. La importancia del momento político y lo que estaba en juego a nivel regional o municipal explica que algunos votantes dudaran hasta el último momento sobre la fuerza política a la que finalmente apoyarían. La duda, la incertidumbre o la confusión es expresada por el 13,0% de las personas que han votado en las elecciones autonómicas de 2023, siendo los hombres (13,3%) en mayor medida que las mujeres (12,7%), y los de mediana edad (18,1%), en mayor proporción que los más mayores (10,0%), quienes principalmente declaran este sentimiento. Los votantes de Unidas Podemos (23,3%) y los del PSOE (17,3%) son los que más manifiestan que votaron con ciertas dudas, mientras que los del PP (9,3%) y los de Vox (12,2%) los que menos. Estos últimos datos señalan que la duda ha estado más instalada en los electores de izquierdas que en los de derechas.

Gráfico 3. Sentimiento con el que se votó en las elecciones autonómicas, según edad Región de Murcia, 2023

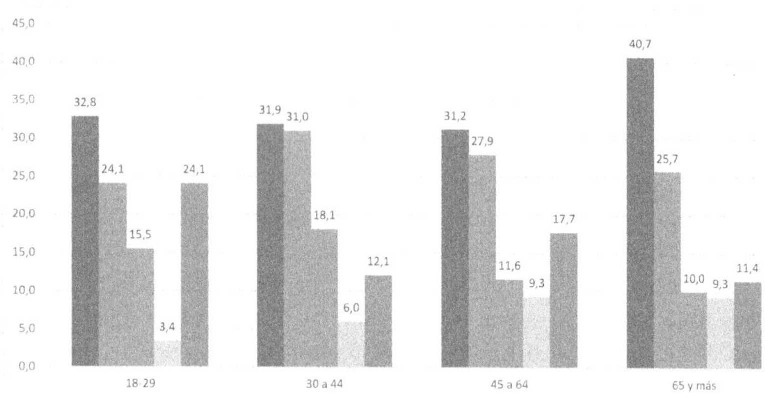

Fuente: Estudio Postelectoral CEMOP – Elecciones Autonómicas Región de Murcia 2023.

Por último, un 7,9% de las personas entrevistas señala que votaron a la fuerza política que lo hicieron porque se trataba de un mal menor. La expresión "mal menor" se ha instalado con facilidad en el argumento político, como si existieran dos claros escenarios: en uno se visualiza un posible grave daño al bien común o a la justicia social, y en el otro se plantea que para frustrar que produzca ese grave daño es posible realizar acciones que imposibiliten que esto suceda, aunque sea necesario resignarse a transigir en ciertos valores. El argumento del mal menor se expresa en mayor medida por los hombres (9,1%) y los más mayores (9,3%) que por las mujeres (6,6%) y los más jóvenes (3,4%). Respecto de los votantes de los distintos partidos, hay que significar en este sentimiento de estar siguiendo el paradigma del mal menor al 26,3% de los votantes de Ciudadanos, mientras que los votantes del resto de partidos alcanzan proporciones muy inferiores.

Capítulo 11

Las emociones despertadas por los discursos de los candidatos[1]

ISMAEL CRESPO MARTÍNEZ
JOSÉ MIGUEL ROJO-MARTÍNEZ

1. EL ESTUDIO DE LAS EMOCIONES EN LA CIENCIA POLÍTICA

Entre los autores que han destacado por incorporar el estudio de las emociones al ámbito del análisis político-electoral destacan dos nombres propios: el antropólogo George E. Marcus y el psicólogo y psiquiatra Drew Westen. Para Marcus (2000), las emociones anclan el comportamiento y las actitudes y generan aprendizajes que permanecen en nuestro cerebro, pero también permiten reaccionar ante nuevos sucesos convirtiendo el afecto en una fuente de información inmediata. Al referirse a las emociones como canales de información, Marcus enfatiza la capacidad de persuasión que estas pueden llegar a tener si el emisor reproduce un estado de ánimo ya presente entre los receptores, pues la emoción compartida logra dotar de un significado unívoco a los acontecimientos políticos y maximizar la capacidad de comprensión del sujeto (Marcus, 2000: 230-231). Así pues, es

---

1 Los autores de este capítulo agradecen el apoyo recibido para su elaboración por parte de la Fundación Séneca-Agencia de Ciencia y Tecnología de la Región de Murcia a través de la convocatoria de Ayudas a proyectos para el desarrollo de investigación científica y técnica por grupos competitivos, incluida en el Programa Regional de Fomento de la Investigación Científica y Técnica de Excelencia (Plan de Actuación 2022). Proyecto con código de referencia 21876/PI/22, 2022-2024 y título "Polarización afectiva en la Región de Murcia. Un estudio sobre sus causas (Proyecto Polariza)". De igual forma, José Miguel Rojo agradece la financiación recibida por parte del Minsterio de Ciencia, Innovaicón y Universidades para su Contrato Predoctoral FPU (ref. FPU20/01033).

posible observar cómo las emociones intervienen en los procesos de evaluación y reacción incorporando elementos experienciales y de asimilación de los estímulos presentes.

Por su parte, Westen defiende en *The political brain* (2007) que las emociones son mucho más relevantes que los temas y que los sucesos a la hora de explicar los resultados electorales. Por encima de una propuesta, un mensaje o un acontecimiento, lo importante son las sensaciones que todos ellos despiertan en el individuo. De hecho, llega a sostener este autor que los sentimientos predicen las creencias y las posiciones. Incluso cuando se plantean determinadas políticas que afectan directamente al interés personal de un elector, y que, por tanto, sería previsible que sus puntos de vista o comportamientos respondieran a un análisis totalmente racional, Westen advierte que estas cuestiones solo terminarán impactando si despiertan emociones en el individuo y se conectan con sus valores. No es suficiente alegar el interés material objetivo si este se presenta desapasionado (Westen, 2007).

Previamente, Westen incidió en la importancia del razonamiento motivado como forma de regulación emocional para comprender cómo los individuos adoptan decisiones en el plano político (Westen *et al.*, 2006). El cerebro humano tiende a reducir el impacto de los estados afectivos que comportan negatividad, mientras que maximiza la influencia de las emociones positivas en una especie de sistema de autodefensa que trata de evitar todo tipo de conclusiones desestabilizadoras (Westen *et al.*, 2006). Estos hallazgos se conectan con la amplia literatura existente sobre el papel de la disonancia cognitiva y la exposición selectiva, pero también con la posibilidad de que aquellos liderazgos que provocan emociones positivas logren mayores cuotas de adhesión.

En esta línea de pensamiento, la neurociencia aplicada al estudio del comportamiento político nos ha permitido comprender cómo los procesos de toma de decisiones están influenciados por elementos inconscientes de carácter emocional (Maneiro Crespo, 2017). El entendimiento de las emociones como instancias cognitivas (Damasio, 2003) las convierte en un componente explicativo más del voto (Jaráiz *et* al., 2020), como clásicamente se ha considerado a la ideología, a la identidad partidista o a la valoración de la situación económica (Crespo *et al.*, 2020). Además, el interés de la Ciencia Política por las emociones se ve reforzado por la aparición de nuevos partidos y nuevas formas de liderazgo que describen ciertas singularidades. Es el caso de Vox en España, que ha destacado por su capacidad para generar respuestas emocionales muy intensas en buena parte del electorado y por la recurrente vinculación de esta opción política con emociones negativas como el miedo o la ansiedad, pero también se ha observado que inspira sentimientos de orgullo como ninguna otra formación (Pereira *et al.*, 2021).

Para terminar, conviene recordar que no todas las emociones desencadenan el mismo tipo de respuestas. Debemos considerar una clasificación de las emociones discretas atendiendo, primero, a su condición de valencia positiva-negativa y, segundo, a su nivel de intensidad (Maneiro Crespo, 2017). Si relacionamos la dimensión de valencia con los efectos sobre el comportamiento político, las emociones positivas —destacando entre ellas el entusiasmo— se vinculan con el sistema de predisposiciones, mientras que las emociones negativas —destacando entre ellas el miedo— se asocian con el sistema de vigilancia que incrementa la atención al entorno, activa todo tipo de alertas y reduce la propensión a la acción (Castells, 2009: 202-205). Aplicado lo anterior al marco de las campañas electorales, se concluye que los mensajes que buscan activar emociones positivas ayudan a fortalecer las ideas preconcebidas y a comportarnos de acuerdo a nuestros valores e identidades (refuerzo y activación), al tiempo que los mensajes negativos invitan a la reflexión y al cuestionamiento de las preferencias (Crespo *et al.*, 2022). Dentro de estos efectos generales del orden de valencia, la intensidad de los distintos tipos de emociones positivas o negativas nos permitirá explicar el nivel de influencia marginal de cada emoción experimentada sobre la conducta del elector.

2. ¿NOS EMOCIONARON LOS CANDIDATOS? ¿QUÉ EMOCIONES NOS PROVOCARON?

En el estudio postelectoral realizado por el CEMOP se preguntó a los entrevistados qué emociones les habían despertado los discursos de los candidatos a la presidencia de la Región de Murcia de los principales partidos. En la formulación de la pregunta se consideró una gama de emociones que, de más intensamente negativa a más intensamente positiva, incluía las siguientes: miedo, enfado, tranquilidad, entusiasmo y orgullo. Estas emociones parten de baterías ya realizadas en trabajos previos como el de Marcus *et al.* (2000) o el de Jaráiz *et al.* (2020).

Como se puede observar en la Tabla 1, salvo el candidato popular Fernando López Miras, la mayoría de los electores afirma que los discursos de los líderes nos les han producido ninguna emoción o bien directamente no conocen al candidato. Ante este escenario, es posible intuir que buena parte de los cabezas de lista regionales no se convirtieron en un factor de influencia a la hora de explicar el comportamiento electoral.

Tabla 1. Emociones generadas por los discursos de los principales líderes políticos de la Región durante la campaña electoral

	Fernando López Miras (%)	José Vélez (%)	José Ángel Antelo (%)	María Marín (%)	María José Ros (%)
Orgullo	6,5	2,4	3,0	2,4	0,4
Miedo	3,1	4,8	9,4	5,6	2,8
Entusiasmo	7,2	3,8	4,8	2,3	2,7
Enfado	13,6	16,6	8,0	10,3	4,2
Tranquilidad	33,1	16,6	14,8	8,2	13,8
Ninguna emoción o no conoce al candidato	26,9	45,3	51,2	61,9	66,7
No sabe	9,0	9,8	8,7	8,9	9,0
No contesta	0,7	0,7	0,1	0,6	0,4
Total	100,0	100,0	100,0	100,0	100,0

Nota: en sombreado la categoría que agrupa mayor porcentaje de respuestas en cada candidato.

Fuente: elaboración propia a partir de los datos de la Encuesta Postelectoral del CEMOP 2023.

Si profundizamos en el análisis de algunos resultados, observamos que el candidato popular, Fernando López Miras, generó esencialmente emociones positivas, y dentro de estas, destacó por suscitar tranquilidad en los electores (33,1%). Una emoción de intensidad moderada que conecta con el perfil templado y centrista que representa el actual presidente. Al analizar la presencia de estas emociones por grupos sociodemográficos, encontramos que el líder del Partido Popular suscitó más tranquilidad a hombres (35,5%) que a mujeres (30,5%), al mismo tiempo que fueron las personas de 65 y más años las que en mayor porcentaje declararon sentirse tranquilas con sus discursos (35,4%). Finalmente, el candidato generó entusiasmo solo al 7,2% de los entrevistados y orgullo a un 6,5%. Si analizamos estos sentimientos de fuerte carga positiva según el recuerdo de voto en las elecciones del 28 de mayo de 2023, constatamos que un 13,7% de los votantes del PP sintió orgullo al escuchar los discursos de su candidato, por un 15,5% que experimentó entusiasmo. Entre los votantes populares, la emoción principal también fue la tranquilidad (47,3%), lo que nos informa de un liderazgo basado en atributos de *soft power* (Nye, 2008), capaz de transmitir serenidad, confianza y equilibrio. No es un liderazgo energético y pasional, sino más bien dominado por la tendencia a la estabilidad y al control del conflicto.

En el caso de quienes votaron por Vox, el partido con el que finalmente gobierna en coalición el PP, un 44,4% sintió tranquilidad al escuchar al líder popular, frente a un 12,2% que reaccionó con enfado y un 13,4% que sintió orgullo o entusiasmo. Que las emociones positivas dominaran al elector de Vox respecto a su principal competidor demuestra que la relación —al menos a nivel de la base electoral y en términos afectivos— entre los dos partidos de la derecha no es hostil y que, en particular, la figura de López Miras resulta amable para estos votantes.

Por su parte, a los electores socialistas, Fernando López Miras les generaba, en primer lugar, enfado (32,3%), si bien, para un 20,5% la emoción declarada fue la tranquilidad. Entre quienes apoyaron a la otra opción de izquierdas, Podemos-IU-AV, las respuestas emocionales varían: crece comparativamente el enfado (43,3%), crece el miedo (10,0%) y se mantiene la tranquilidad (23,3%). En general, la emoción "miedo" es residual al referirnos al candidato popular (en el total de respuestas representa el 3,1% y solo en el caso de los votantes de Podemos-IU-AV alcanza las dos cifras).

Sobre el líder de la oposición, José Vélez, nos encontramos con un elevado porcentaje de respuestas que afirman no haber sentido nada con sus discursos o no conocerle (45,3%, mientras que para el candidato popular esta categoría representaba el 26,9%). Dentro de los que sí son capaces de identificar alguna emoción vinculada al número uno de los socialistas, aparecen igualados los que sintieron enfado (16,6%) y los que sintieron tranquilidad (16,6%). Los sentimientos de orgullo (2,4%) y de entusiasmo (3,8%) resultan residuales en el conjunto de la muestra. Vélez enfadó más a los hombres (22,0%) que a las mujeres (10,9%), aunque atendiendo a la edad, la distribución de esta emoción es homogénea. Por grupos de votantes, el candidato socialista despertó entre los suyos esencialmente tranquilidad (40,9%). Las emociones positivas intensas, entusiasmo (12,6%) y orgullo (7,9%), se experimentaron por el elector del PSOE respecto a su candidato menos recurrentemente que en el caso de los electores populares con su líder.

Como ya se ha mencionado, los discursos de López Miras generaron tranquilidad al 20,5% de los votantes socialistas, pero, a la inversa, solo el 7,1% de los electores del PP se sintió así al escuchar los discursos de Vélez. A su vez, los electores populares experimentaron menos enfado frente a Vélez (25,2%) que los electores socialistas respecto a López Miras (32,3%). Sobre la relación emocional con los votantes de Vox, José Vélez generó negatividad a un 35,6% de los integrantes de este grupo (enfado a un 26,7% y miedo a un 8,9%), por un 41,1% que no sintió nada o no lo conocía.

Igual que en el caso del candidato del PP resultaba interesante comprobar las reacciones emocionales de los electores del partido con el que comparte bloque ideológico (su socio preferente, pero a la vez competidor dentro del espacio), presentamos ahora un análisis de las emociones que declararon sentir los votantes de Podemos-IU-AV sobre el candidato socialista. El 33,3% de los votantes de la coalición de izquierdas no describe ninguna emoción o no conoce al candidato socialista, un 16,7% no sabe qué responder en esta pregunta, un 23,3% sintió tranquilidad y un 13,3% sintió enfado. Las emociones positivas de orgullo y entusiasmo agrupan conjuntamente al 13,3% de las respuestas. Se evidencia que el liderazgo de Vélez no logró una conexión emocional destacada con los votantes situados a su izquierda.

A continuación, nos ocupamos de los resultados de los candidatos de los partidos situados en los extremos ideológicos, Vox y Podemos-IU-AV, que por su tipo de discursos, de raíz populista, han sido especialmente atendidos por la literatura académica sobre emociones y política. El candidato de Vox, José Ángel Antelo, no generó ninguna emoción o no logró ser conocido para más de la mitad de los entrevistados. Asimismo, despertó más miedo entre los entrevistados (9,4%) que ningún otro líder. No obstante, provocó menos enfado que los candidatos de la izquierda y, además, despertó más tranquilidad que María Marín y casi al mismo nivel que José Vélez (todos lejos de las cifras de Fernando López Miras).

Los votantes de izquierdas reaccionaron a los discursos de Antelo con miedo (23,6% en el caso de los socialistas y hasta un 30% en el caso de los de Podemos-IU-AV) más que con enfado. Por su parte, a los votantes populares les suscitó indiferencia (la categoría ninguna emoción o no conoce alcanzaba para este grupo el 54,0%) y menos tranquilidad (20,4%) que la que López Miras generaba entre los votantes de Vox. Lo más relevante es constatar los altos niveles de entusiasmo (17,8%) y orgullo (14,4%) que causa este líder entre su propio electorado. Se intuye una dinámica de polarización en torno a los liderazgos de la derecha radical, con una izquierda en posiciones de temor y alerta y un electorado propio con gran adhesión, incluso en el plano autonómico —lo cual es todavía más reseñable en un partido tan claramente centralista y que apuesta por resaltar continuamente la figura de su presidente nacional desplazando a las voces territoriales—.

Finalmente, el análisis de los datos sobre María Marín también nos muestra una distribución de afectos polarizada. Es la líder que mayores sentimientos de orgullo y entusiasmo despierta entre sus propios votantes (40%), incluso por encima de los ya destacados datos de José Ángel Antelo (32,2%) y claramente en contraste con los resultados que obtienen los candidatos de los partidos moderados (29,2% López Miras y apenas un 20,5% Vélez). Al mismo tiempo, despierta importantes porcentajes de negatividad basada en el enfado o en el miedo entre los votantes populares (22,6%) y los de Vox (21,1%), con algunas particularidades: entre los populares, el miedo hacia la candidata de Podemos es más alto que entre los de Vox y, a la inversa, el enfado es más prevalente en los votantes de Vox que en los del PP. Asimismo, se constata que Marín generó más enfado en los hombres (12,7% frente al 7,8% de las mujeres) y en los mayores de 65 años (11,6% frente al 6,6% de los que tenían entre 19 y 29 años).

Tabla 2. Emociones despertadas por cada candidato según recuerdo de voto en las elecciones del 28 de mayo de 2023

		PP	PSOE	VOX	UP
Fernando López Miras (%)	Orgullo	13,7	1,6	6,7	0,0
	Miedo	0,9	6,3	0,0	10,0
	Entusiasmo	15,5	0,8	6,7	0,0
	Enfado	1,3	32,3	12,2	43,3
	Tranquilidad	47,3	20,5	44,4	23,3
José Vélez (%)	Orgullo	1,3	7,9	2,2	0,0
	Miedo	8,0	0,8	8,9	0,0
	Entusiasmo	0,9	12,6	2,2	13,3
	Enfado	25,2	7,1	26,7	13,3
	Tranquilidad	7,1	40,9	12,2	23,3
José Ángel Antelo (%)	Orgullo	2,7	0,8	14,4	0,0
	Miedo	3,5	23,6	1,1	30,0
	Entusiasmo	4,9	1,6	17,8	0,0
	Enfado	3,5	18,9	4,4	23,3
	Tranquilidad	20,4	3,9	34,4	6,7
María Marín (%)	Orgullo	0,9	5,5	0,0	26,7
	Miedo	10,2	3,1	5,6	3,3
	Entusiasmo	0,9	3,1	1,1	13,3
	Enfado	12,4	10,2	15,6	6,7
	Tranquilidad	6,2	14,2	8,9	10,0

Fuente: elaboración propia a partir de los datos de la Encuesta Postelectoral del CEMOP 2023.

De todo lo anterior, es posible concluir que:

i) Los liderazgos de los partidos extremos logran fuertes emociones positivas entre sus bases, pero generan miedo o enfado en el resto, es decir, provocan procesos de polarización afectiva (Iyengar *et al.*, 2019).

ii) Solo López Miras generó algún tipo de emoción a la mayoría de electores (63,4%) gracias en parte a su alto grado de conocimiento entre la población tras haber sido presidente. Lo hizo desde posiciones esencialmente de baja intensidad —aunque con carga positiva—, transmitiendo la imagen de un líder que genera confianza, pero no grandes pasiones. Como afirma Corduneanu (2019), la tranquilidad es la emoción antónima a la ansiedad y se vincula con sentimientos de confianza, una emoción que puede cobrar especial valor en contextos de incertidumbre o agitación social.

iii) El candidato socialista no logró despertar emociones movilizadoras como el entusiasmo o el orgullo, imprescindibles para una campaña orientada al cambio como la que planteó (Crespo *et al.*, 2022), ni en el conjunto de la población ni tampoco entre sus propios o potenciales votantes. En este hallazgo puede encontrarse parte de la explicación del mal resultado obtenido por este partido el pasado 28 de mayo.

3. LA INFLUENCIA DE LAS EMOCIONES DESPERTADAS POR LOS LÍDERES EN EL VOTO: EL CASO DE FERNANDO LÓPEZ MIRAS Y EL PP

Para avanzar en el análisis del impacto de las emociones en el comportamiento electoral, planteamos un modelo de regresión logística binaria que nos permitirá predecir el voto al Partido Popular a partir de la estimación de sus componentes, incluyendo como variables predictoras cada una de las cinco emociones que potencialmente pudo despertar en los entrevistados el candidato de esta formación.

Tomamos como caso de estudio a este partido y a este candidato por tener un mayor porcentaje de respuestas centradas en emociones, lo que hace que el modelo no pierda exactitud y precisión por el bajo tamaño muestral de alguna variable. Así pues, consideramos como variable dependiente el voto al PP formulado dicotómicamente (0 no vota a este partido, 1 sí lo hace) y este se explica atendiendo a: la posición en la escala de autoubicaicón ideológica, los sentimientos hacia esta formación política en una escala 0-10 de adhesión/rechazo (partidismo positivo o negativo), la valoración de Fernando López Miras en una escala 0-10 (variable liderazgo), el sexo, la edad, el nivel de estudios (0 no universitarios, 1 universitarios) y la presencia o no, de nuevo según una formulación dicotómica, de los cinco sentimientos incluidos en el cuestionario (miedo, enfado, tranquilidad, entusiasmo y orgullo).

Según se observa en la Tabla 3, el pseudo R^2 tomando la medida de Nagelkerke nos informa de una bondad de ajuste del modelo óptima, al lograr explicar un 47,9% de la varianza de la variable dependiente (voto PP). Considerando lo anterior, en el voto a esta afirmación ejercen una influencia significativa el nivel de estudios, la valoración del liderazgo de Fernando López Miras, los sentimientos hacia el PP, la ideología y que al sujeto le generaran tranquilidad o entusiasmo los discursos del candidato. A las clásicas explicaciones sobre los componentes del voto se añade una novedosa: las emociones despertadas por la acciones comunicativas de los líderes. Es más, el coeficiente de regresión para estas dos emociones apunta a una influencia destacada.

Asumiendo el hecho de experimentar o no una emoción como un predictor categórico, solo se logra estimar un cambio en la variable independiente con emociones de carga positiva y de intensidad media. Si se sintió tranquilidad o entusiasmo al oír a López Miras, es más probable que se acabara votando al PP.

Tabla 3. Análisis de regresión logística binaria para explicar el voto al PP en las elecciones autonómicas del 28 de mayo del año 2023

	B (E)	*p*
Sexo (Ref. mujer)	-.013 (.235)	
Edad	.008 (.007)	
Estudios (Ref. no universitarios)	.581 (.255)	**
Ideología	.142 (.064)	**
Sentimientos hacia el PP	.251 (.065)	***
Valoración de Fernando López Miras	.315 (.065)	***
Miedo FLM (Ref. no experimenta)	.893 (.866)	
Enfado FLM (Ref. no experimenta)	-.680 (.671)	
Tranquilidad FLM (Ref. no experimenta)	.627 (.296)	**
Entusiasmo FLM (Ref. no experimenta)	1.094 (.429)	**
Orgullo FLM (Ref. no experimenta)	.466 (.460)	
Constante	-6.147 (.724)	***
-2 log. de la verosimilitud	462.538	
R^2 Cox & Snell	.345	
R^2 Nagelkerke	.479	

Nota: El modelo refleja los coeficientes de regresión logística y entre paréntesis los errores estándar. ***p<0.01, **p<0.05. N incluido en el análisis= 538, 75,7% de los casos totales de la muestra. El modelo logra un porcentaje global de clasificación del 65,8%.

Sin embargo, las emociones negativas no lograron disminuir de forma significativa el voto al PP. Este resultado podría cuestionar una amplia tradición de estudios que señala a las campañas basadas en este tipo de emociones como enfoques estratégicos más eficaces e influyentes a la hora de socavar los apoyos con los que cuenta un candidato (Ansolabehere e Iyengar, 1995). Con todo, sería erróneo afirmar que no tuvieron ningún impacto más allá, pues sabemos que las emociones negativas sobre los discursos del candidato del PP no disminuyeron la probabilidad de terminar votando a ese partido, pero no se ha podido comprobar si aumentaron la probabilidad de votar a sus rivales —para eso sería preciso incorporar las emociones negativas sobre el candidato popular en un modelo de regresión logística sobre el voto hacia el PSOE, Vox y Podemos-IU-AV—.

4. CONCLUSIONES

A lo largo de este capítulo se ha indagado en las relaciones existentes entre emociones, comunicación política, campañas electorales y voto. Demostramos que la derecha despertó en los electores de la Región de Murcia mayores sensaciones de tranquilidad, mientras que la izquierda lo hizo de enfado. Asimismo, se acredita que la mayoría de liderazgos regionales están lejos de tener una gran impacto en los estados de ánimo de los electores, pues, salvo en el caso del candidato a la reelección, el resto mayoritariamente no suscitó emociones —ni positivas ni negativas— o ni siquiera eran conocidos.

Tal vez uno de los hallazgos más interesantes es el que se refiere a las dinámicas de polarización afectiva que generan los candidatos de los extremos. Se evidencia que tanto José Ángel Antelo (Vox) como María Marín (Podemos-IU-AV) generaron procesos antagónicos en el plano emocional: lograron levantar pasiones positivas entre los suyos, pero, al mismo tiempo, despertaron una considerable negatividad en los exogrupos. Frente a los afectos templados del bipartidismo, tanto Vox como Podemos parecen desencadenar procesos enfrentados de fuerte partidismo positivo y fuerte partidismo negativo que se dejan notar en las propias actitudes hacia a sus líderes.

Finalmente, se demuestra que ciertas emociones logran predecir el voto por una formación política. Por motivos técnicos, tomamos como caso de estudio el voto al PP y constatamos que experimentar tranquilidad y, sobre todo, entusiasmo al respecto de los discursos de Fernando López Miras destacan como componentes del voto al partido. Los resultados obtenidos sobre el entusiasmo son más previsibles, pero, el caso de la tranquilidad, que ha sido una emoción a la que clásicamente se ha prestado poca atención por su baja intensidad, nos obliga a replantear cómo ciertas emociones logran un mejor rendimiento en ciertos contextos y conectando con determinados sustratos sociológicos que definen la cultura política de una comunidad. Que sentir tranquilidad se convierta en parte del núcleo estratégico del *pathos* en la Región de Murcia nos habla de un electorado —al menos en el centro derecha— con un espíritu (*volksgeist*) que premia los proyectos más conservadores que transformadores, prefiriendo un estado de calma frente a cualquier alteración del *statu quo*. De igual forma, estos resultados tienen implicaciones para el debate sobre los efectos de cada tipo de emoción en el comportamiento electoral. Por un lado, se ha constatado que, por la vía de las emociones positivas de intensidad media, sin necesidad de alcanzar altas cotas de orgullo, se pueden reforzar las adhesiones y, por otro, hallamos que no siempre las emociones negativas son totalmente eficaces a la hora de reducir los apoyos del contrario.

Capítulo 12

Efectos de la campaña en la orientación del voto[1]

ISMAEL CRESPO MARTÍNEZ
ALBERTO MORA RODRÍGUEZ

1. INTRODUCCIÓN

Los primeros estudios sobre el comportamiento electoral, liderados por las Escuelas de Columbia y Michigan en 1944, analizaron los efectos de las campañas políticas en los votantes, identificando tres influencias clave: refuerzo (cuando el comportamiento coincide con las predisposiciones políticas previas), activación (involucrando a indecisos que finalmente votan) y conversión (cambio en la intención inicial de voto). Ambas escuelas concluyeron que las campañas tenían efectos limitados, destacando la importancia de las predisposiciones individuales basadas en características sociodemográficas o identificaciones partidistas (Campbell et al., 1960; Martínez i Coma, 2008). Igualmente, Festinger (1957) introdujo la idea de "exposición selectiva", donde los votantes evitan información que contradice sus creencias, lo que contribuye al efecto de refuerzo.

Con la expansión de la televisión y el uso de encuestas instantáneas, las campañas políticas evolucionaron hacia un mayor énfasis en los candidatos y simplificación de mensajes. Los estudios posteriores

[1] Los autores de este capítulo agradecen el apoyo recibido para su elaboración por parte de la Fundación Séneca-Agencia de Ciencia y Tecnología de la Región de Murcia a través de la convocatoria de Ayudas a proyectos para el desarrollo de investigación científica y técnica por grupos competitivos, incluida en el Programa Regional de Fomento de la Investigación Científica y Técnica de Excelencia (Plan de Actuación 2022). Proyecto con código de referencia 21876/PI/22, 2022-2024 y título "Polarización afectiva en la Región de Murcia. Un estudio sobre sus causas (Proyecto Polariza)".

consideraron nuevos factores explicativos del voto, como el liderazgo, la focalización en temas clave (como la economía) y la capacidad comunicativa de los partidos en el proceso electoral. Aunque estos factores pueden tener influencias significativas, su impacto es moderado en términos cuantitativos debido a las restricciones en la recepción de mensajes por parte del electorado (Canel, 1999).

En resumen, mientras los primeros estudios sugerían que las campañas tenían un impacto limitado debido a predisposiciones previas, investigaciones posteriores han destacado factores adicionales relacionados con la comunicación política. Aunque el efecto cuantitativo es moderado, en ocasiones puede ser crucial para condicionar la conformación de mayorías de gobierno.

En este capítulo se asume el presupuesto de que la campaña puede tener, aunque sean moderados, efectos en el comportamiento electoral. Así, se procederá a su cuantificación y explicación para el caso de las elecciones autonómicas de mayo de 2023 en la Región de Murcia, en los siguientes tres apartados. En el primero de ellos, se indagará en torno a cómo fueron los flujos de voto entre los electores en las pasadas elecciones generales. Posteriormente, se procederá a una caracterización del electorado en torno a electores estables, convertidos, activados y desactivados. Finalmente, se analizará el papel de las predisposiciones políticas en el voto, realizando también un acercamiento al papel de la campaña electoral en el mismo.

2. CAMBIOS EN LA ORIENTACIÓN DEL VOTO

Al disponer de una encuesta panel, es posible analizar los cambios que se producen entre la intención de voto reconocida (observada en el sondeo preelectoral) y el comportamiento manifestado (recuerdo de voto observado en el sondeo postelectoral). De esta forma se puede estimar la magnitud y la dirección en la que se producen estos cambios entre la intención y el comportamiento real y, en principio, imputar estos cambios al efecto que produce la campaña en los electores.

En la Tabla 1 se pueden observar las diferencias existentes entre la intención de voto y el recuerdo. Los datos evidencian el ligero rendimiento positivo del principal partido, el PP (0,3), y principalmente de las formaciones que se quedaron fuera del arco parlamentario, mientras que el resto de las candidaturas vieron reducidas sus expectativas durante la campaña, en especial el Partido Socialista (-2,6), pero también Vox (-1,6) y, en mucha menor medida, Unidas Podemos (-0,5). Estos tres partidos perdieron cerca del 10% de su voto potencial de inicio de campaña.

Tabla 1. Intención y recuerdo de voto en las elecciones autonómicas de la Región de Murcia, 2023

	Estudio Preelectoral			Estudio Postelectoral			Diferencia	Diferencia (%)
	Intención de voto	Intención de voto a candidatura	N	Recuerdo de voto	Recuerdo de voto a candidatura	N		
PP	30%	42,5%	213	31,8%	42,8%	226	+0,3	0,7%
PSOE	18,8%	26,7%	134	17,9%	24,1%	127	-2,6	-9,7%
VOX	13,1%	18,6%	93	12,7%	17,0%	90	-1,6	-8,6%
UP	4,4%	6,2%	31	4,2%	5,7%	30	-0,5	-8,1%
MCR	1,1%	1,6%	8	2,8%	3,8%	20	+2,2	137%
CS	1,8%	2,6%	13	2,7%	3,6%	19	+1,0	38,5%
OTROS	1,3%	1,8%	9	2,3%	3,0%	16	+1,2	66,7%
ABSTENCIÓN	29,5%	—	210	25,6%	—	183		
TOTAL	100%	100%	711	100%	100%	711		

Fuente: Elaboración propia a partir del Estudio Panel del CEMOP Autonómicas 2023. La diferencia entre la intención de voto preelectoral y el recuerdo ha sido calculada sobre la base del voto a candidatura, eliminando los entrevistados que no definieron una intención y/o un recuerdo de voto en alguna de ambas encuestas.

En un sentido amplio, podría atribuírsele a los procesos de comunicación llevados a cabo en el marco de la campaña electoral, los cambios y permanencias que se producen en el comportamiento de la ciudadanía de la Región de Murcia. Sin embargo, esta consideración adolece de una comprensión amplia del comportamiento de los electores, donde factores como la activación de predisposiciones políticas previas o el uso estratégico del voto, entre otros, podrían estar siendo prescriptores de estos procesos de cambio.

Los datos de la Tabla 2 responden a un análisis bivariado entre intención y recuerdo de voto, presentado en forma de tabla de transferencias. En la diagonal (en negrita) se recogen los datos de lealtad. Es decir, la proporción de electores que han sido consistentes entre lo que expresaron en el estudio preelectoral y lo que afirman haber realizado en la elección.

Tabla 2. Cuadro de transferencias entre la intención de voto y el recuerdo de voto en 2023 (% horizontales)

	Recuerdo de voto postelectoral										
Intención de voto preelectoral	PP	PSOE	VOX	UP	MCR	CS	OTROS	BLANCO	NO VOTÓ	NO RECUERDA	%
PP	**76,1**	1,9	5,6					0,5	9,9	6,0	100
PSOE	3,7	**70,1**	1,5	3,0	2,2	0,7	0,7	0,7	11,2	6,2	100
VOX	21,5	2,2	**63,4**		5,4				6,5	1,0	100
UP		12,9		**58,1**	3,2		12,9		9,8	3,1	100
MCR		12,5			**87,5**						100
CS	7,7					**76,9**		7,7		7,7	100
OTROS	11,1	11,1	11,1	11,1			**44,5**			11,1	100
BLANCO/ NULO	4,0	8,0	16,0	8,0	4,0	4,0	4,0	**8,0**	32,0	12,0	100
NO VOTARÍA	7,5	2,5			2,5	5,0	2,5	5,0	**65,0**	10,0	100
INDECISOS	22,8	12,4	8,3	3,2	1,4	3,4	3,4	2,1	13,8	**29,5**	100
TOTAL	31,8	17,9	12,7	4,2	2,8	2,7	2,3	1,4	13,9	10,3	100
N	226	127	90	30	20	19	16	10	99	7	711

Fuente: Elaboración propia a partir de los datos del Estudio Panel del CEMOP Autonómicas 2023.

Del conjunto de entrevistados, quienes en mayor medida se mostraron leales o estables respecto a su intención inicial fueron los electores del MCR: el 87,5% de quienes manifestaron en el estudio preelectoral que votarían a ese partido acabaron haciéndolo. Ciudadanos (76,9%), el PP (76,1%) y el PSOE (70,1%), también mantuvieron unas tasas de fidelidad alta entre su decisión en la campaña y el voto final. Esto, sin embargo, no ocurrió con Vox (63,4%) y UP (58,1%), en los cuales parte de sus electores iniciales acabaron tomando una decisión distinta (abstención o voto a otro partido) de la inicialmente prevista. En el caso de Vox, transfiriendo el 21,5% de su electorado inicial al PP, y en el caso de UP, transfiriendo tanto al PSOE como a Más Región casi el 26% de su electorado de partida. Entre quienes se manifestaron indecisos al inicio de la campaña, el 22,8% acabó votando al PP frente a un 13,8% que prefirió no votar y un 12,4% que votó al PSOE.

3. ELECTORES ESTABLES, CONVERTIDOS, ACTIVADOS Y DESACTIVADOS

Para observar cuáles fueron los grandes cambios que se produjeron en el comportamiento electoral de los murcianos y murcianas, durante el transcurso de la campaña electoral, resulta necesario agrupar al conjunto de electores en función de los efectos esperados de la campaña electoral. En la Tabla 3 se recogen los efectos que analizaremos y las combinaciones a las que responden.

Tabla 3. Efectos de la campaña de 2023 en el electorado, según la estructura de intención y recuerdo de voto

TIPOLOGÍA DE ELECTORES	%	N
ESTABLES	60,3	384
ACTIVADOS	15,7	100
CONVERTIDOS	11,6	74
DESACTIVADOS	12,4	79
TOTAL	100	637

Fuente: Elaboración propia a partir de los datos del Estudio Panel del CEMOP Autonómicas 2023. En este caso la muestra pierde 74 casos (el 10,4%) del total debido a encuestados que no han querido manifestar su recuerdo de voto en el estudio postelectoral.

Tal y como puede observarse, el principal efecto de la campaña electoral en la Región de Murcia fue el refuerzo, dado que el 60,3% de los electores mantuvieron estable su comportamiento entre sus deseos iniciales y su voto final. Este resultado se muestra en sintonía con la literatura, que coincide en estimar que el mayor efecto de las campañas electorales es el refuerzo de posicionamientos previos, siendo también el mismo resultado que se produjo en la campaña de 2019 (60,6%). En segundo lugar, destaca un importante efecto de activación, aglutinando al 15,7% de la muestra (ligeramente por encima al dc la campaña de 2019, 13%), y algo superior al de desactivación (12,4%), siendo el efecto menor el de conversión (11,6%), que en cambio fue el segundo mayor efecto en la campaña de 2019 con el 15,2%. Claramente la campaña de 2019 y la de 2023 fueron diferentes en cuanto a sus efectos; en la de 2019, en la que prevaleció el cambio, el principal efecto tras el refuerzo fue la conversión, mientras que en 2023 se impuso la activación, principalmente en torno al Partido Popular, como se verá en la siguiente tabla.

En la Tabla 4 se desagregan estos efectos en cada uno de los principales partidos. Así, se observa que un 71,7% de los votantes del Partido Popular procedería de electores que inicialmente manifestaron su intención de votarles, el 16,4% de su voto procedería de indecisos o potenciales abstencionistas, y el 11,9% restante serían transferencias recibidas desde otras candidaturas. La composición del voto de los socialistas resulta en términos generales homogénea con la estructura del voto popular, captando algo menos de voto de otras formaciones, mientras que Vox por el contrario logra fuertes transferencias en detrimento de un menor número de electores estables.

Tabla 4. Efectos de la campaña de 2023 en el electorado por partidos políticos, según transferencia entre intención y recuerdo de voto

	PP	PSOE	VOX	UP	CS	MCR	OTROS
ESTABLES	71,7	74,1	65,5	60,0	52,6	35,0	25,0
ACTIVADOS	16,4	16,5	17,8	23,3	42,1	20,0	43,8
CONVERTIDOS	11,9	9,4	16,7	16,7	5,3	45,0	31,2
%	100	100	100	100	100	100	100
N	226	127	90	30	19	20	16

Fuente*:* Elaboración propia a partir de los datos del Estudio Panel del CEMOP Autonómicas 2023. En los partidos con un número reducido de casos (UP, Cs, MCR y otros) el análisis de los porcentajes debe tomarse con cautela y es meramente orientativo.

Para finalizar este apartado, se propone un análisis de las ganancias y pérdidas de cada partido, en términos relativos, sobre el total de cada efecto que se ha estimado que se produjo por la campaña electoral. A partir de este análisis, cuyos resultados se recogen en la Tabla 5, el PP habría sido el partido que más voto habría conseguido atraer, por activación y conversión (9%). Más de uno de cada tres votantes que cambió o activó su voto durante la campaña lo hizo hacia el PP. Tras el PP, las mayores rentabilidades las obtuvieron el PSOE (4,6%), sobre todo mediante activación, y Vox (4,5%), principalmente a través de la conversión. A pesar de sus magros resultados, quedando excluidos de la representación en la Asamblea, Ciudadanos tuvo una gran capacidad de movilizar voto desde la abstención, mientras que el Movimiento Ciudadano Cartagenero logró atraer electores mediante conversión.

En relación a las pérdidas, los tres grandes partidos tuvieron fugas muy similares, encabezando las mismas el PP, con el 5,3% sobre el total, seguido del PSOE (4,6%) y Vox (4,4%). Las pérdidas del PP, y en menor medida las del PSOE, se producen principalmente por desmovilización de sus antiguos electores, mientras que las de Vox se producen por transferencias hacia otros partidos.

En el saldo final neto entre las transferencias y captaciones, y las activaciones y desmovilizaciones, es el PP la formación que mejor rendimiento obtuvo de la campaña, con un saldo positivo del 3,7% sobre el 7,2% que supuso los cambios netos que se produjeron durante la campaña. Esto es más del 50% de la ganancia que se produjo en el conjunto del sistema. En el otro extremo se sitúa Vox, que acabó con un rendimiento negativo del -0,3%.

Tabla 5. Ganancias, pérdidas y saldo de voto de los partidos tras las elecciones autonómicas de 2023

	PP	PSOE	VOX	UP	CS	MCR	OTROS	TOTAL
Ganancias								
CONVERTIDOS	27	12	15	5	1	9	5	74
% grupo	36,5%	16,2%	20,3%	6,8%	1,4%	12,2%	6,8%	100%
ACTIVADOS	37	21	16	7	8	4	7	100
% grupo	37%	21%	16%	7%	8%	4%	7%	100%

	PP	PSOE	VOX	UP	CS	MCR	OTROS	TOTAL
TOTAL (n)	64	33	31	12	9	13	12	174
% grupo	36,8%	19%	17,8%	6,9%	5,2%	7,5%	6,9%	100%
% total	9%	4,6%	4,4%	1,7%	1,3%	1,8%	1,7%	24,5%
Pérdidas								
CONVERTIDOS	16	16	27	10	1	1	4	75
% grupo	21,3%	21,3%	36%	13,3%	1,3%	1,3%	5,3%	100%
DESMOVILIZADOS	22	16	6	3	1	0	0	48
% grupo	45,8%	33,3%	12,5%	6,3%	2,1%	0%	0%	100%
TOTAL (n)	38	32	33	13	2	1	4	123
% grupo	30,9%	26%	26,8%	10,6%	1,6%	0,8%	3,3%	100%
% total	5,3%	4,5%	4,6%	1,8%	0,3%	0,1%	0,6%	17,3%
Saldo								
(n)	26	1	-2	-1	7	12	8	51
% total	3,7%	0,1%	-0,3%	-0,1%	1%	1,7%	1,1%	7,2%

Fuente: Elaboración propia a partir de los datos del Estudio Panel del CEMOP Autonómicas 2023. No se contabilizan en el cálculo de las pérdidas, a aquellos electores con intención de voto a un partido en el estudio preelectoral y que en el postelectoral no recuerdan a qué partido votaron, al no poder estimar la dirección del efecto.

Haciendo un análisis global de los flujos de voto y los rendimientos de cada formación durante la campaña electoral, todo apunta a que, entre los cuatro principales partidos, el PP, con una alta tasa de fidelidad electoral del 76%, la más alta de todos los partidos, es quien realizó una mejor campaña, o al menos quien obtuvo un mejor rendimiento durante la misma, en términos de orientación del voto. De las cuatro formaciones que obtuvieron representación parlamentaria, los populares fueron los únicos que mejoraron su punto de partida. Sus resultados se explican tanto por la conversión de electores que al inicio de la campaña tenían orientadas sus preferencias de voto hacia otros partidos (es el caso de Vox, que acabó transfiriendo el 21,5% de su electorado inicial al PP), como por la activación de nuevos electores o antiguos abstencionistas de 2019 (entre quienes se manifestaron indecisos al inicio de la campaña, el 22,8% acabó votando al PP). Es el PP el partido que acaparó el 50% de todos los cambios netos de preferencias del electorado durante la campaña. De un 7,2% de cambios netos, bien por el saldo activación-desmovilización, o bien por el saldo transferencias-captaciones, el PP representó el 3,7% de los mismos (cerca de 40 mil electores netos finales logró atraer el PP durante su campaña).

La campaña apenas tuvo efectos para el PSOE. Su balance de ganancias y pérdidas durante la campaña está totalmente equilibrado. En comparación con los otros partidos significativamente más relevantes, atrajo proporcionalmente menos que transfirió, y desmovilizó más que movilizó. Los efectos por tanto de su campaña son bastante planos. La situación es muy parecida al caso de Vox, con una salvedad. En el caso de la formación de extrema derecha, casi el 35% de sus votantes del 28 de mayo no habían previsto votar por ese partido al inicio de la campaña. Esto pudiera significar, a simple vista, que Vox realizó una buena campaña. Sin embargo, esta alta volatilidad tiene que ver con intensas transferencias de voto que realizó esta formación, principalmente hacia el Partido Popular (más de uno de cada tres electores que se cambiaron de partido durante la campaña lo hicieron de Vox hacia otra formación), pero también con fuerte captaciones, también de forma intensa desde el Partido Popular (uno de cada cinco electores que captaron los partidos de otros partidos lo captó Vox). Esto implica que la campaña de Vox fue extremadamente volátil, produciendo importantes captaciones, pero también fuertes deserciones, que fueron equilibradas por un buen nivel de activación frente una casi nula desmovilización de su voto tradicional.

4. LAS PREDISPOSICIONES Y LAS CAMPAÑAS ELECTORALES EN LA REGIÓN DE MURCIA

En esta sección, se plantean dos objetivos de investigación: el primero es identificar las variables más influyentes en la decisión del voto a favor de los diferentes partidos, y el segundo es analizar la relación entre el voto y la campaña electoral.

Para abordar el primer objetivo se realizó un análisis de regresión logística binaria utilizando datos del Estudio Panel del CEMOP Autonómicas 2023. El enfoque se centró en la intención de voto hacia los principales partidos políticos (PP, PSOE, VOX y Unidas Podemos) como la variable dependiente. Se incorporaron variables independientes basadas en distintas escuelas del comportamiento electoral, considerando las limitaciones del cuestionario. Las descripciones detalladas de estas variables se encuentran en la nota de la Tabla 6.

En general, los modelos explicativos son satisfactorios para los cuatro partidos, pero se debe tener precaución al interpretar los resultados para Unidas Podemos debido al número limitado de casos.

A diferencia de las elecciones autonómicas anteriores en la Región de Murcia, donde los modelos de predisposiciones arrojaban resultados divergentes para los diferentes partidos, en esta ocasión destaca una constante: la importancia del liderazgo. De hecho, la evaluación de los líderes políticos emerge como la única variable determinante en el modelo. Esta relevancia del liderazgo eclipsa la influencia de la ideología, que, no obstante, muestra una correlación estadísticamente significativa en un análisis bivariado con las variables dependientes, siendo dicha relación coherente con lo esperado, y ejerciendo un mayor peso en los partidos situados en los extremos ideológicos.

Al analizar para cada partido los resultados del modelo, se observa que el voto hacia el partido socialista estuvo influenciado por la valoración de su líder, José Vélez, y también por el tamaño del municipio de residencia del encuestado (la probabilidad de voto socialista aumenta a medida que lo hace el tamaño de municipio del entrevistado). En lo que respecta al voto para el Partido Popular, la variable que ejerció el mayor impacto también fue la valoración de su candidato, López Miras. En este modelo también se observó influencia negativa de la valoración del líder del PSOE, lo cual difiere del modelo realizado en 2019, donde la valoración del candidato de la oposición no tuvo peso significativo en el voto al PP. La valoración de José Ángel Antelo y María Marín también resultaron ser factores relevantes en la explicación del voto a sus respectivos partidos. Además, en el voto a VOX se observó que la valoración del presidente López Miras tuvo un impacto negativo, siendo más probable votar al partido de Abascal cuanto peor se valorase a López Miras. Este hallazgo quizás sea consecuencia de la competencia en el espacio ideológico de la derecha, donde se identifica un segmento del electorado conservador que muestra cierto descontento o insatisfacción con el PP y sus líderes.

Tabla 6. Modelo de predisposiciones del voto en las elecciones autonómicas de 2023 en la Región de Murcia

	PP			PSOE			VOX			UNIDAS PODEMOS		
	B		E.T.	B		E.T.	B		E.T.	B		E.T.
Ideología	,080		,194	-,226		,188	,470		,291	-,414		,277
Sexo	,074		,606	-,192		,576	-,059		,953	,770		,874
Edad	,007		,024	,015		,024	,004		,043	-,015		,034
Hábitat	-,177		,302	,621	**	,310	,002		,484	-,129		,422
Ocupación	,324		,708	,734		,750	,712		1,196	1,385		1,407
Estudios	-,882		,606	,737		,550	1,108		,983	,612		,833
Val. Líder PP	,817	***	,177	,112		,132	-,677	***	,245	-,265		,209
Val. Líder PSOE	-,275	*	,157	,477	***	,157	-,217		,298	-,095		,219
Val. Líder Vox	-,189		,138	-,195		,129	,988	***	,294	,017		,199
Val. Líder UP	,097		,136	,084		,128	-,022		,246	,343	**	,200
Constante	-3,353		2,485	-6,912	***	2,651	-8,640	*	5,017	-3,061		4,047
Pred. Correctas globales %	81,8			79,3			92,6			92,6		
Pred. Correctas votantes %	64,9			39,3			60			27,3		
Chi cuadrado (gl)	63,692	10	***	40,218	10	***	48,902	10	***	25,001	10	***
Pseudo R2 (Nagelkerke)	0,578			0,428			0,630			0,409		
N	711			711			711			711		

Fuente: Elaboración propia a partir de los datos del Estudio Panel del CEMOP Autonómicas 2023. Las variables dependientes son dicotómicas (intención de voto a cada partido considerado frente al resto de opciones de voto o no voto). La ideología ha sido introducida como métrica (Ns/Ns missing). En sexo el valor 1 es mujer. La variable hábitat ha sido introducida como métrica y tiene cuatro categorías, donde 1 es 'de 0 a 10.000', 2 'de 10.001 a 50.000', 3 'de 50.001 a 300.000' y 4 'Más de 300.000 habitantes'. La ocupación es dicotómica, siendo 1 que trabaja y 0 el resto. Los estudios es dicotómica, siendo 1 que posee estudios universitarios y 0 el resto. La edad ha sido introducida como métrica, así como las variables de valoración de líderes (siendo missing quienes no conocen al líder). *** P<0,01; ** P<0,05; * P<0,1.

En cuanto al impacto de la campaña electoral, se proporciona una tabla ilustrativa que muestra las relaciones entre los indicadores de la campaña y el recuerdo de voto a diferentes partidos. En la Tabla 7, se observan relaciones significativas entre varios pares de variables.

El voto al PP se vinculó con el seguimiento de la campaña en televisión y radio, así como las conversaciones sobre elecciones en el entorno social y familiar. El voto al PSOE mostró una relación significativa con el seguimiento de la campaña en la radio, discusiones políticas y acceso a encuestas. En el caso de VOX, se observó una relación estadística con el seguimiento de la campaña en la radio, debates y conversaciones sociales y familiares. Por último, para Unidas Podemos, solo se encontraron relaciones estadísticas con el seguimiento de la televisión y el acceso a encuestas.

Estos hallazgos indican que las diferentes estrategias de campaña y el nivel de interacción de los votantes con la misma tuvieron impactos variados en el voto a los partidos políticos en la Región de Murcia durante las elecciones, lo que subraya la complejidad del proceso electoral y cómo diferentes factores pueden influir en las decisiones de voto.

Tabla 7. Relación entre voto y campaña electoral 2023 (Medias 0-1)

	Seguimiento Tv		Seguimiento Prensa		Seguimiento Radio		Índice de seguimiento de medios		Seguimiento debate		Conversaciones sobre política		Acceso a encuestas	
VOTÓ PP	,819	***	,376	***	,323	n.s	,506	n.s	,212	***	,615	***	,208	n.s
VOTÓ PSOE	,709	n.s	,370	n.s	,386	*	,488	*	,157	n.s	,646	***	,276	***
VOTÓ UP	,567	**	,367	n.s	,400	n.s	,444	n.s	,200	n.s	,567	n.s	,333	***
VOTÓ VOX	,667	n.s	,289	n.s	,367	**	,441	n.s	,189	*	,622	***	,222	n.s
Significatividad de las diferencias de medias entre los cuatro partidos	***		n.s		n.s		n.s		n.s		n.s		n.s	

Fuente: Elaboración propia a partir de la Encuesta Postelectoral del CEMOP 2023. Las variables dependientes son dicotómicas a partir del recuerdo de voto (voto a cada partido frente al resto de categorías). Todas las variables independientes oscilan entre 0 y 1. Destaca que solo el seguimiento de la campaña por televisión muestra diferencias significativas entre los electores de distintos partidos, con mayor seguimiento entre los votantes del PP y menor seguimiento entre los de Unidas Podemos.

a, b y c son variables que toman valor 1 si se ha seguido la campaña mediante ese canal y 0 si no se ha seguido por dicho canal. d es un índice que combina consumo de información en radio, televisión y prensa; e es 1 cuando se siguió el debate; f es 1 cuando las elecciones autonómicas fueron tema de conversación en casa con su familia, con sus amigos o con sus compañeros de trabajo de manera habitual o de vez en cuando y 0 cuando no lo fue; g es 1 cuando se tuvo conocimiento de las encuestas del CEMOP y 0 cuando no se tuvo. *** P<0,01; ** P<0,05; * P<0,1. Para la última fila (z) la significatividad estadística viene determinada por ANOVA de un factor.

Bibliografía

Ahearn, C. E., Brand, J. E. y Zhou, X. (2023). How, and For Whom, Does Higher Education Increase Voting? *Research in Higher Education, 64*(4), 574-597. https://doi.org/10.1007/s11162-022-09717-4

Alfirević, N., Arslanagić-Kalajdžić, M. y Lep, Ž. (2023). The role of higher education and civic involvement in converting young adults' social responsibility to prosocial behavior. *Scientific Reports, 13*(1). https://doi.org/10.1038/s41598-023-29562-4

Alonso, S. (2008). La duración en el poder y el rendimiento electoral de los partidos nacionalistas gobernantes: ¿la ventaja competitiva del nacionalismo?, *Revista Española de Investigaciones Sociológicas, 121*: 81-103. https://doi.org/10.2307/40184846

Anduiza Perea, E. (1999). *¿Individuos o sistemas? Las razones de la abstención en Europa Occidental.* Madrid: CIS.

Anduiza Perea, E. (2002). Individual characteristics, institutional incentives and electoral abstention in Western Europe. *European Journal of Political Research, 41*, 643-673.

Ansolabehere, S. e Iyengar, S. (1995). *Going Negative. How Political Advertisement Shrink and Polarize the Electorate.* Nueva York: Free Press.

Antoni, M. y Zentner, J. (2014). *Las cuatro emociones básicas.* Barcelona: Herder.

Arias, M. (2016). *La democracia sentimental. Política y emociones en el siglo XXI.* Barcelona: Página indómita.

Bellia Calderón, L. y Echeverría, M. (2022). Influencia Autorreportada de las encuestas en la Intención de Voto y Factores Explicativos. *Cuadernos Info, 53*, 117-137.

Bericat, E. (2012). Emociones. *Sociopedia.isa, 1-13.* https://doi.org/10.1177/205684601261.

Bericat, E. (2015). The sociology of emotions: Four decades of progress, *Current Sociology, 64*(3), 491-513.

Bettarelli, L., Reiljan, A. y Van Haute, E. (2023). A regional perspective to the study of affective polarization. *European Journal of Political Research, 62*(2), 645-659. https://doi.org/10.1111/1475-6765.12548

Berger, P. y Luckmann T. (1967). *La construcción social de la realidad.* Buenos Aires: Amorrortu.

Blais, A. y Dobrzynska, A. (1998). Turnout in Electoral Democracies. *European Journal of Political Research, 33*(2), 239-261. https://doi.org/10.1111/1475-6765.00382

Blais, A. (2008). ¿Qué afecta a la participación electoral? *Revista Española de Ciencia Política, 18*, 9-27.

Boix, C. y Riba, C. (2000). Las bases sociales y políticas de la abstención en las elecciones generales españolas: recursos individuales, movilizaciones estratégicas e instituciones electorales. *Revista Española de Investigaciones Sociológicas, 90*, 95-130.

Boorstin, D. (1961). *The image: A guide to pseudo-events in America.* New York: Harper.

Brader, T. (2006). *Campaigning for Hearts and Minds: How Emotional Appeals in Political Ads Work.* Chicago: University of Chicago Press.

Bustos Díaz, J. y Ruíz del Olmo, F. J. (2016). La imagen como nuevo eje de la comunicación política en Twitter. Opción: *Revista de Ciencias Humanas y Sociales, 7*, 271-290.

Caballé, A., Grima i Cntas, P. y Marco Almagro, L. (2013). ¿Aciertan los sondeos electorales? Análisis sobre la bondad de predicción de los sondeos electorales publicados en la prensa. *Revista Española de Investigaciones Sociológicas, 143*, 25-46.

Calvo, E. y Aruguete, N. (2021). *Fake news, trolls y otros encantos.* Argentina: Siglo veintiuno.

Campbell, A., Converse, P., Miller, W. y Stokes, D. (1960). *The American Voter.* Estados Unidos: John Wiley.

Canel, M. J. (1998). Los efectos de las campañas electorales. *Comunicación y Sociedad, 11*(1), 47-68. htpps://doi.org/10.15581/003.11.36422

Cardenas, A., Ballesteros, C., Jara, R., Cardenas, A., Ballesteros, C. y Jara, R. (2017). Redes sociales y campañas electorales en Iberoamérica. Un análisis comparativo de los casos de España, México y Chile. *Cuadernos.info, 41*, 19-40. https://doi.org/10.7764/cdi.41.1259

Castells, M. (2009). *Comunicación y Poder.* Madrid: Alianza editorial.

CEMOP (2023). Barómetro de Primavera. Mayo, 2023.

Chagas, V. (2022). WhatsApp and Digital Astroturfing: A Social Network Analysis.

Brazilian Political Discussion Groups of Bolsonaro's Supporters. *International Journal of Communication, 16*(0).

Chaves-Montero, A., Gadea-Aiello, W. F. y Aguaded-Gómez, J. I. (2017). La comunicación política en las redes sociales durante la campaña electoral de 2015 en España: Uso, efectividad y alcance. *Perspectivas de la Comunicación, 10*(1), 55-83.

CIS (2016). Estudio 3145. Postelectoral Elecciones Generales 2016.

CIS (2019). Estudio 3248. Postelectoral Elecciones Generales 2019. Avance de resultados.

CIS (2023). Barómetro de Mayo 2023. Estudio nº 3405. Mayo 2023.

CIS (2023). Estudio 3410. Barómetro de junio 2023. Postelectoral Elecciones Municipales y Autonómicas 2023.

Coffé, H. y Voorpostel, M. (2010). Young people, parents and radical right voting. The Case of the Swiss People's Party. *Electoral Studies, 29*(3), 435-443. https://doi.org/10.1016/j.electstud.2010.03.015

Corduneanu, V. I. (2019). El papel de las emociones sociales y personales en la participación política. *Revista Mexicana de Opinión Pública, 14*(26): 71-96.

Crespo, I., Garrido, A., Carletta, I. y Riorda, M. (2011), *Manual de comunicación política y estrategias de campaña: candidatos, medios y electores en una nueva era.* Buenos Aires: Biblos.

Crespo, I., Mora, A. y Belmonte, R. (2020). Los efectos de la campaña sobre los electores, en las elecciones autonómicas de 2019 en la Región de Murcia. En I. Crespo y J. J. García Escribano (Eds.), *¿Cómo vota el electorado murciano?: informe postelectoral de las Elecciones Autonómicas de 2019 en la Región de Murcia.* Valencia: Tirant lo Blanch.

Crespo, I., Garrido, A., Martínez, A. y Mora, A. (2021). La brecha política y las causas de su crecimiento: el caso de España. *Más Poder Local, 45,* 7-20.

Crespo, I., Garrido, A. y Rojo, J. M. (2022). El uso de las emociones en la comunicación. *Revista Española de Ciencia Política, 58,* 175-201

Damasio, A. (2000). *Sentir lo que sucede "cuerpo y emoción en la fábrica de la conciencia".* Buenos Aires. Andrés Bello.

Damasio, A. (2003). *Looking for Spinoza: Joy, Sorrow and the Feeling Brain.* New York: Harcourt.

Davidson, B. y Kobayashi, T. (2023). Did You Hear? Rumour Communication via Instant Messaging Apps and Its Impact on Affective Polarisation. En C. Soon (Ed.), *Mobile Communication and Online Falsehoods in Asia: Trends, Impact and Practice* (pp. 173-196). Springer Netherlands. https://doi.org/10.1007/978-94-024-2225-2_10

Davies, W. (2019). *Estados nerviosos. Cómo las emociones se han adueñado de la sociedad.* Madrid: Sexto Piso.

Demertzis, N. (ed.) (2013). *Emotions in politics. The affect dimension in political tension.* New York: Palgrave Macmillan.

Demertzis, N. (2020). *The Political Sociology of Emotions. Essays on Trauma and Ressentiment.* New York: Routledge.

Díez Nicolás, J. y Semetko, H. A. (1995). La televisión y las elecciones de 1993. En A. Muñoz-Alonso y J.I. Rospir (Comp.), *Comunicación Política,* (pp. 243-304). Madrid: Universitas.

Dinas, E. (2010). The Impressionable Years: The formative role of family, vote and political events during early adulthood [Thesis]. https://cadmus.eui.eu//handle/1814/14708

Dixon, T. (2012). "Emotion": The History of a Keyword in Crisis. *Emotion Review, 4*(4), 338-344.

Downs, A. (1973). *Teoría económica de la democracia.* Madrid: Aguilar.

Durmuşoğlu, L. R., de Lange, S. L., Kuhn, T. y van der Brug, W. (2023). The Intergenerational Transmission of Party Preferences in Multiparty Contexts: Examining Parental Socialization Processes in the Netherlands. *Political Psychology, 44*(3), 583-601. https://doi.org/10.1111/pops.12861

Elortegui Gómez, C. (2019). Predicciones Electorales en Tiempos de Inteligencia Artificial. *Más Poder Local, 39,* 14-17.

Espinosa, A. (2008). Decidiéndose por el mal menor: el rol de las emociones durante las elecciones presidenciales peruanas del 2006. *Psicología Política, 37* (1), 47-70.

Fernández Poncela, A. M. (2020). Elecciones: razones y emociones, Veredas. *Revista del Pensamiento Sociológico, 38-39,* 117-142.

Festinger, L. (1957). *A theory of cognitive dissonance.* California: Standford University.

Gálvez Muñoz, L. A. (2011). Las encuestas electorales y el debate sobre su influencia en las elecciones. *Revista Mexicana de Opinión Pública, 11,* 25-43.

García Beaudoux, V. y D'Adamo, O. (2006). Comunicación política y campañas electorales. Análisis de una herramienta comunicacional: el spot televisivo. *Polis, 2*(2), 81-111.

García Escribano, J. J. (1997). La abstención electoral en la Región de Murcia [Tesis de doctorado no publicada]. Universidad de Murcia.

García Escribano, J. J. y Martínez, A. (1997). Las elecciones generales en la Región de Murcia: especificidades en el contexto estatal. *Revista de Estudios Políticos, 96,* 279-302.

García Escribano, J. J. y Ortiz García, P. (2013). Marco de análisis para el estudio de las campañas electorales y sus efectos sobre el voto en la Región de Murcia. https://digitum.um.es/digitum/bitstream/10201/30400/1/Marco%20de%20an%C3%A1lisis%20para%20el%20estudio%20de%20las%20campa%C3%B1as%20electorales.pdf

García Escribano, J. J. (2015). Las elecciones autonómicas de 2015 en la Región de Murcia. *Cuadernos Manuel Giménez Abad, 10*, 149-164.

García Guerrero, J. E. (2019). Redes sociales e interés político: frecuencia con la que se comparte información sin confirmar en Quito. *Revista Icono 14, 17*(2), 231-253. https://doi.org/frs5

Garimella, K. y Eckles, D. (2020). Images and misinformation in political groups:Evidence from WhatsApp in India. *Harvard Kennedy School Misinformation.* https://doi.org/10.37016/mr-2020-030

Garrido-Lora, M. (2013). Estudio comparativo de los eslóganes electorales y comerciales: el caso de las elecciones generales españolas de 2008. *Convergencia, 20*(61), 173-792.

Garrido Rubia, A. y Sierra Rodríguez, J. (2013). El debate electoral entre Rajoy y Rubalcaba. Estrategias de comunicación política y efectos sobre la decisión de voto. En I. Crespo (dir.), *Partidos, medios y electores en procesos de cambio. Las elecciones generales españolas de 2011* (pp. 275-316), Valencia: Tirant Humanidades.

Garrido, A. (2016). "Comunicación política y opinión pública". En M. Barreda Díez y L. M. Ruiz Rodríguez (eds.). *El análisis de la política: Enfoques y herramientas de la Ciencia Política.* Barcelona: Huygens.

Geys, B. (2006). Explaining voter turnout: A review of aggregate-level research. *Electoral studies,* 25(4), 637-663. https://doi.org/10.1016/j.electstud.2005.09.002

Gladwell, M. (2002). *The Tipping Point: How Little Things Can Make a Big Difference.* Boston, MA: Little, Brown and Company 2000.

Gladwell, M. (2013). *Inteligencia intuitiva: ¿Por qué sabemos la verdad en dos segundos?* Taurus.

Gómez Corona, E. (2021). La desparlamentarización del sistema político español. De parlamentarismo excesivamente racionalizado a un parlamento diluido. *Revista de Derecho Político, 111,* 109-136. https://doi.org/10.5944/rdp.111.2021.31058

Hallin, D. C. y Mancini, P. (2004). *Comparing media systems: Three models of media and politics.* Cambridge University Press.

Humanes, M. L. y Moreno, M.A. (2012). El efecto agenda sobre los temas de campaña en las elecciones generales de 2008. *AdComunica,* 191-207. https://doi.org/10.6035/2174-0992.2012.3.12

Humanes, M. L. (2014). Exposición selectiva y partidismo de las audiencias en España. El consumo de información política durante las campañas electorales de 2008 y 2011. *Palabra Clave, 17*(3), 773-802. http://dx.doi.org/10.5294/pacla.2014.17.3.9

Hyman, H. H. (1959). *Political Socialization: A Study in the Psychology of Political Behavior.* New York: Free Press.

Isbell, L. y Ottati, V. (2002). The emotional voter. En V. C. Otatti, S. Tindale, J. Edwards y F. B. Bryant (Eds.), *The social psychology of politics* (pp. 55-74).

Iyengar, S., Lelkes, Y., Levendusky, M., Malhotra, N. y Westwood, S. J. (2019). The Origins and Consequences of Affective Polarization in the United States. *Annual Review of Political Science, 22*, 129-146.

Izard, C. E. (1991). *The Psychology of Emotions.* Nueva York: Plenum Press.

Jackman, J. (1987). Political institutions and voter turnout in industrial democracies. *American Political Science Review, 81*, 405-24.

Jaráiz, E., Lagares, N. y Pereira, M. (2020). Emociones y decisión de voto. Los componentes de voto en las elecciones generales de 2016 en España. *Revista Española de Investigaciones Sociológicas, 170*, 115-136.

Jerit, J. (2004). Survival of the Fittest: Rethoric during the Course of an Election Campaign. *Political Psychology, 25*, 563-575.

Jivkova, D., Requeijo, P. y Padilla. G. (2017). Usos y tendencias de twitter en la campaña a elecciones generales Españolas del 20D de 2015: hashtags que fueron trending topic. *El profesional de la información, 26*(5), 824-837.

Justel, M. (1990). Panorama de la abstención electoral en España. *Revista de Estudios Políticos, 68*, 343-396.

Kubin, E. y von Sikorski, C. (2021). The role of (social) media in political polarization: A systematic review. *Annals of the International Communication Association, 45*(3), 188-206. https://doi.org/10.1080/23808985.2021.1976070

Lazarfeld, P., Berelson, B. y Gaudet, H. (1944). *The people's Choice: How the Voter Makes Up His Mind in a Presidential Campaign.* New York: Columbia University Press.

Lawler, E. J. (1999). Bringing Emotions into Social Exchange Theory. *Annual Review of Sociology, 25*, 217-244.

Lee, C., Shin, J. y Hong, A. (2018). Does social media use really make people politically polarized? Direct and indirect effects of social media use on political polarization in South Korea. *Telematics and Informatics, 35*(1), 245-254. https://doi.org/10.1016/j.tele.2017.11.005

Lijphart, A. (1997). Unequal participation: Democracy's unresolved dilemma. *American Political Science Review, 91,* 1-14. https://doi.org/10.2307/2952255

Maisel, L. S., West, D. M. y Clifton, B. M. (2007). *Evaluating campaign quality: can the electoral process be improved?* Cambridge: University Press.

Maneiro Crespo, E. (2017). Neurociencia y emociones: nuevas posibilidades en el estudio del comportamiento político. *RIPS, 16*(1): 169-188.

Marcus, G. E. y MacKuen, M. B. (1993). Anxiety, enthusiasm, and the vote: The emotional underpinnings of learning and involvement during presidential campaigns. *American Political Science Review, 87*(3), 672-685.

Marcus, G. E. (2000). Emotions in politics. *Annual Review of Political Science, 3*(1), 221-250.

Marcus, G. E., Neuman, R. W. y MacKuen, M. B. (2000). *Affective Intelligence and Political Judgement.* Chicago: University of Chicago Press.

Marín, B. (2003). Debates electorales por televisión. En S. Berrocal (Coord.). *Comunicación Política en Televisión y Nuevos Medios.* Barcelona: Ariel.

Marshall, T. H. (1997). Ciudadanía y clase social. *Revista Española de Investigaciones Sociológicas, 79,* 297-344.

Martínez i Coma, F. (2008). *¿Por qué importan las campañas electorales?* Madrid: Centro de Investigaciones Sociológicas.

Matsumoto, D. y Ekman, P. (2009). Basic emotions. En D. Sander and K. R. Scherer (Eds.), *Oxford Companion to Emotion and the Affective Sciences* (pp. 106-109). Oxford: Oxford University Press.

McCombs, M. y Shaw, L. (1972). The agenda-setting function of the mass media. *Public Opinion Quaterly, 36,* 176-187.

McCombs, M. (2004). *Setting the agenda: The mass media and public opinion.* Cambridge: Polity Press.

Mendelson, P. y O´Keefe, G. (1976). *The people choose a President.* New York: Praeger.

Merino, L. (2011). Jóvenes en redes sociales: significados y prácticas de una sociabilidad digital. *Revista de Estudios de Juventud, 95,* 31-43. https://dialnet.unirioja.es/servlet/articulo?codigo=5052541

Miller, L. (2020). Polarización en España: más divididos por ideología e identidad que por políticas públicas. *EsadeEcPol* Insight #18: 1-14. https://www.esade.edu/ecpol/es/publicaciones/esdeecpol-insight-polarizacion, último acceso 15 de mayo de 2020.

Montero, J. R. (1984). Niveles, fluctuaciones y tendencias del abstencionismo en España y Europa. *Revista Española de Investigaciones Sociológicas, 28,* 223-242.

Montero, J. R. (1986). Elecciones "normales" y elecciones "excepcionales": algunos datos y factores de movilización electoral de octubre de 1982. En M. Aragón (Coord.). *Homenaje a Carlos Ruiz del Castillo.* Instituto de Estudios de Administración Local: Madrid.

Moreno, C. (2010). El efecto de la campaña para las elecciones generales españolas de 2008 sobre la información política y la participación electoral de los votantes: ¿se puede hablar de una función de legitimación de las campañas electorales? *Revista española de Ciencia Política, 24,* 53-82.

Mukherjee, R. (2020). Mobile witnessing on WhatsApp: Vigilante virality and the anatomy of mob lynching. *South Asian Popular Culture, 18*(1), 79-101. https://doi.org/10.1080/14746689.2020.1736810

Muñoz-Alonso, A. y Rospir, J. I. (1999). *Democracia mediática y campañas electorales.* Barcelona: Ariel.

Muñoz Tamayo, P. y Mora Rodríguez, A. (2019). *Las Encuestas Electorales y sus Efectos. Más Poder Local, 39,* 9-13.

Neundorf, A. y Smets, K. (2015). Political Socialization and the Making of Citizens. En R. E. Gooding (Ed.), *Oxford Handbook Topics in Politics.* Oxford: OUP Oxford. https://doi.org/10.1093/oxfordhb/9780199935307.013.98

Niemi, R. G. y Hepburn, M. A. (1995). The Rebirth of Political Socialization. *Perspectives on Political Science, 24*(1), 7-16. https://doi.org/10.1080/10457097.1995.9941860

Norris, P., Curtice, J., Sanders, D., Scammell, M. y Semetko, H. (1999). *On Message. Communicating the campaign.* Beverly Hills: Sage.

Nussbaum, M. C. (2014). *Las emociones políticas ¿Por qué el amor es importante para la justicia?* Barcelona: Paidós.

Nye, J. (2008). *The Powers to Lead.* Oxford: Oxford University Press.

Olaz, A. y Ortiz, P. (2021). Polarización afectiva sobre las élites políticas. *Más Poder Local, 45,* 41-55.

Ortiz, P. (2020). El contexto en las elecciones autonómicas de 2019. En I. Crespo y J. J. García Escribano (Eds.), *¿Cómo vota el electorado murciano?: informe postelectoral de la Elecciones Autonómicas de 2019 en la Región de Murcia* (pp. 15-30). Valencia: Tirant lo Blanch.

Pasquino, G. (2001). The New Campaign Politics in Southern Europe. N. Diamandouros y R. Gunther (Eds.), *Parties, Politics and Democracy in the New Southern Europe* (pp. 183- 223). London: John Hopkins University.

Peleteiro Ramos, I. S. (2017). Sondeos electorales 2015 y 2016. Retos metodológicos y estrategias de análisis. *Revista Española de Sociología, 26*(3), 123-127.

Peña-Jiménez, P. (2023). El debate electoral en España. Del «cara a cara» al debate «a cuatro». Visibilidad y espectáculo. *Más Poder Local, 52*, 25-42.

Pereira, M., Lagares, N. y López-López, P. C. (2021). Partidos y líderes en las elecciones generales de 2016 y 2019. Una visión emocional. *Revista de Estudios Políticos, 193*, 211-249.

Porter Aguilar, R. (2022). Encuestas de Opinión Electoral. Falacias, Sesgos Científicos y Problemas para la Democracia. *Revista Derecho Electoral, 33*, 91-109.

Powell Bingham, G. (1986). American voter turnout in comparative perspective. *American Political Science Review, 80*(1), 17-43.

Proaño, L. E. (2002). Debate presidencia en la TV: ¿Ayuda a ganar una elección? *Chasqui: Revista Latinoamericana de Comunicación, 79*, 30-37.

Ramírez Dueñas, J. M. y Vinuesa Tejero, M. L. (2020). Exposición selectiva y sus efectos en el comportamiento electoral de los ciudadanos: la influencia del consumo mediático en el voto en las elecciones generales españolas de 2015 y 2016. *Palabra Clave, 23*(4). https://doi.org/10.5294/pacla.2020.23.4.6

Redlawsk, D. P. (ed.) (2006). *Feeling Politics. Emotion in Political Information Processing*. Nueva York: Palgrave Macmillan.

Reges, F. (2021). Partidos políticos tras la confianza de la juventud: análisis del uso de influencers en las campañas de 2021 en México. https://www.te.gob.mx/Repositorio/8o%20Concurso%20de%20Ensayo%202021/19.%20Temática7_Ferdinandus_Reges_H.pdf

Reinemann, C. y Wilke, J. (2007). It's the Debates, Stupid! How the Introduction of Televised Debates Changed the Portrayal of Chancellor Candidates in the German Press, 1949-2005. *Harvard International Journal of Press/Politics, 12*(4), 92-111.

Riera, P. (2012). La abstención diferencial en la España de las autonomías. *Revista Internacional de Sociología, 70*(3), 615-642. https://doi.org/10.3989/ris.2010.10.07

Riker, W. y Ordeshook, P. (1968). A theory of the calculus of voting. *American Political Science Review, 42*(1), 25-42.

Sánchez, L. (2023). ¿Es posible mejorar la calidad de las campañas electorales? *Ciencia Latina Revista Científica Multidisciplinar*, 7(1), 1619-1635.

Sobirovich, S. T. (2023). Political socialization as a socio-psychological category. *World Bulletin of Social Sciences, 18*, 101- 104.

Steinberg, F., y Tamames, J. (2022). La UE en el mundo tras la guerra de Ucrania. Real Instituto Elcano. https://www.realinstitutoelcano.org/analisis/la-ue-en-el-mundo-tras-la-guerra-de-ucrania/

Stockemer, D. (2016). What affects voter turnout? A review articule/metaanalysis of aggregate research. *Government and Opposition, 52*(4), 698-722.

Stroud, N. (2008). Media use and political predispositions: Revisiting the concept of selective exposure. *Political Behavior, 30,* 341-366.

Swanson, D. y Mancini, P. (eds.) (1996). *Politics, Media and Modern Democracy. An International Study of Innovations in electoral Campaigning and Their Consequences.* Westport: Praeger.

Tamayo, M. y Carrillo, E. (2005). La formación de la agenda pública. *Foro Internacional XLV, 182,* 658-681.

Tullock, G. (1967). *Toward a Mathematics of Politics.* Ann Arbor: University of Michigan Press.

Valdez, A., Zepeda, D. y Huerta, A. (2011). ¿Qué mueve a los votantes? Un análisis de las razones y sinrazones del comportamiento político del elector. *Razón y palabra, 16*(75).

Valenzuela, S., Bachmann, I. y Bargsted, M. (2021). The Personal Is the Political? What Do WhatsApp Users Share and How It Matters for News Knowledge, Polarization and Participation in Chile. *Digital Journalism, 9*(2), 155-175. https://doi.org/10.1080/21670811.2019.1693904

Yllan, E. (2021). El impacto de las redes sociales en las elecciones: Caso Samuel García candidato a la gubernatura del Estado de Nuevo León 2021. *Razón y palabra, 25*(112), 18.

Westen, D., Blagov, P. S., Harenski, K., Kilts, C. y Hamann S. (2006). Neural bases of motivated reasoning: an FMRI study of emotional constraints on partisan political judgment in the 2004 U.S. Presidential election. *Journal of Cognitive Neuroscience, 18*(11), 1947-58.

Westen, D. (2007). *The political brain: The role of emotion in deciding the fate of the nation.* New York: Public Affairs.

ANEXOS

Anexo 1
FICHA TÉCNICA DEL ESTUDIO POSTELECTORAL ELECCIONES AUTONÓMICAS 2023

El CEMOP realizó un diseño panel de las encuestas electorales llevadas a cabo con motivo de las elecciones autonómicas en la Región de Murcia. Este tipo de diseño consiste en que la muestra del estudio postelectoral está compuesta, exclusivamente, por personas que fueron entrevistadas en la encuesta preelectoral publicada el 22 de mayo de 2023, lo que permite, entre otras cuestiones, analizar el proceso de evolución y decisión del comportamiento electoral.

Tipo de encuesta: Telefónica. Control de campo realizado al 10% de la muestra total.

Ámbito: Región de Murcia.

Universo: Personas de 18 y más años, empadronadas en el ámbito de estudio.

Tamaño de la muestra realizada: 711 casos.

Error muestral: El error estadístico máximo de los datos totales obtenidos con esta muestra, asumiendo los estándares del muestreo aleatorio simple, es el 3,8% con una probabilidad del 95.5% (2 sigmas) y P=Q.

Sistema de selección de entrevistados: Para este estudio se diseñó un sistema de afijación proporcional de cada punto de muestreo (municipios) de acuerdo con el tamaño poblacional de los mismos, con selección aleatoria de las unidades últimas (individuos) mediante la aplicación de cuotas de sexo y edad.

Los cuestionarios se han aplicado mediante entrevista telefónica asistida por ordenador (CATI).

Puntos de muestreo: 39.

Cuestionario: de tipo estructurado y cerrado.

Fecha de realización: del 29 de mayo al 6 de junio de 2023.

Composición de la muestra realizada por sexo y edad

		EDAD				
		18 a 29	**30 a 44**	**45 a 64**	**65 o más**	**Total**
SEXO	**Hombre**	37	90	144	92	363
	Mujer	39	70	142	97	348
	Total	76	160	286	189	711

* La estructura de sexo y edad sigue una distribución proporcional a los datos consolidados del Padrón de población (INE).

Anexo 2
DISTRIBUCIONES MARGINALES DEL ESTUDIO

1. ¿A través de qué cadena o programa de televisión ha seguido Usted las noticias relacionadas con las elecciones a la Asamblea Regional de Murcia?

LA 1	13,9
ANTENA 3	13,4
CUATRO	0,6
TELE 5	3,4
LA SEXTA	3,8
7 TV	31,1
24 HORAS	0,7
13 TV	1,0
Otros	1,1
No he usado TV para seguir noticias electorales	30,7
No sabe	0,4
Total	100,0

2. Y, ¿a través de qué periódico ha seguido Usted las noticias relacionadas con las elecciones a la Asamblea Regional?

20 MINUTOS	0,6
ABC	0,8
DIARIO DE LORCA	0,1
EL DIARIO.ES	0,6
LA VERDAD	15,5
yecla digital	0,1
LA UNION DE HOY	0,1
EL CONFIDENCIAL	0,1
EL DEBATE	0,3
EL DIGITAL	0,1
EL ECO DE JUMILLA	0,1
EL ESPAÑOL	0,8
EL MUNDO	0,7
EL PAIS	2,1
LA ACTUALIDAD	0,1
LA OPINION	6,8
LA RAZON	0,7
LA VANGUARDIA	0,4
LIBERTAD DIGITAL	0,4
MURCIA DIGITAL	0,1
MURCIA EXPRESS	0,1
NEWS	0,1
OK DIARIO	0,3
PERIODICO DE YECLA	0,1
PERIODISTA DIGITAL	0,1
PUBLICO	0,1
No he usado prensa para seguir noticias electorales	67,4
No sabe	0,8
Total	100,0

3. Y, ¿a través de qué cadena o programa de radio ha seguido Usted las noticias relacionadas con las elecciones a la Asamblea Regional?

La Cope	9,8
Cadena 100,0	0,3
Cadena Dial	0,3
SER	9,6
Cadena 5 RNE	3,8
Es Radio	1,7
Kiss FM	0,1
Onda Regional	2,0
La Voz de Mazarrón	0,3
7 Radio	0,1
Radio 3	0,1
Radio Cable	0,1
Radio Totana	0,1
Onda Cero	3,0
No he usado radio para seguir noticias electorales	67,8
No sabe	0,7
No conesta	0,1
Total	100,0

4. Y, ¿qué tipo de perfil principal ha seguido Usted en las redes sociales para informarse sobre las elecciones en la Región de Murcia?

Perfiles de partidos o candidatos	15,5
Perfiles de medios de comunicación	22,4
Perfiles de influencers que opinan sobre política	3,2
Otro tipo de perfiles	0,6

Ninguno de los anteriores (utilizo redes sociales)	31,5
No utilizo redes sociales	26,7
No sabe	0,1
Total	100,0

5. Durante la campaña, y por la información que Usted recibió de los medios, ¿Cuál diría que fue el tema más debatido por los partidos y candidatos?

Agua	10,1
Mar Menor	12,7
Compra de votos	2,3
Candidatos de EH Bildu	6,3
Economía	3,5
Trasvase	4,1
Ley del Solo sí	1,4
Pedro Sánchez/Sanchismo	1,1
Sanidad	1,8
Empleo	1,4
Vivienda	1,7
Disputas entre partidos	2,7
Corrupción	1,0
Movilidad/infraestructuras	1,8
Inmigración	0,8
Ayudas	0,8
Seguridad	0,3
Okupación	0,4
Pactos y coaliciones	0,8
Primacía de lo nacional	1,0
Otros	6,9
No sabe	33,8
No contesta	3,2
Total	100,0

6. ¿Siguió Usted el debate que hubo en televisión entre todos los candidatos a la presidencia de la Región?

Sí	15,3
No	84,2
No sabe	0,3
No contesta	0,1
Total	100,0

6a. (Sólo a los que digan que "Sí" en P6) ¿Y en qué medida el debate le ayudó o lo tuvo en cuenta a la hora de decidir qué iba a hacer?:

Le animó a votar	4,6
Le animó a abstenerme	0,9
Le ayudó a decidir el partido por el que votar	2,8
Reforzó su decisión de votar por el partido que pensaba antes de ver el debate	28,4
No le influyó en absoluto a la hora de votar	63,3
Total	100,0

* N válido: 109.

7. ¿Participó Usted tras el debate en alguna acción política, como una votación sobre quién había ganado el debate, algún comentario en un periódico digital, haciendo un post o un tuit en redes sociales, dando un like o retuit o cualquier otra acción en redes, o enviando algún comentario a un grupo de WhatsApp?

	Sí	No
Participando en una votación sobre quién había ganado el debate	0,6	99,4
Haciendo algún comentario en un periódico digital	0,6	99,4

	Sí	No
Haciendo un post o un tuit en redes sociales	1,4	98,6
Dando un like o retuit o cualquier otra acción en redes	2,5	97,5
Enviando algún comentario a un grupo de WhatsApp	4,4	95,6
Ninguna de las anteriores	92	8

8. Durante la campaña electoral, ¿hasta qué punto las elecciones autonómicas han sido tema de conversación en casa con su familia, con sus amigos o con sus compañeros de trabajo?

De manera habitual	24,5
De vez en cuando	30,8
Raramente	14,8
Casi nunca	29,8
No sabe	0,1
Total	100,0

8a. (Sólo a los que digan "de manera habitual" o "de vez en cuando" en P8). En general, en estas conversaciones en casa, con su familia, con sus amigos o con sus compañeros de trabajo, ¿Cómo son las opiniones sobre las elecciones?

Son opiniones coincidentes	41,5
No son coincidentes, pero se hacen en el marco de un debate sosegado	48,1
No son coincidentes y además generan algún tipo de confrontación	10,2
No sabe	0,3
Total	100,0

* N válido: 393.

9. En general, ¿qué piensa Usted que sus familiares, en su casa, sus amigos o sus compañeros de trabajo han votado por lo general?

Lo mismo que Usted	30,9
Algunos han votado lo mismo que Usted y otros no	41,9
De forma mayoritaria han votado distinto a Usted	14,2
No sabe	12,8
No contesta	0,1
Total	100,0

10. ¿Ha enviado o reenviado Usted algún mensaje de móvil (SMS), WhatsApp, correo electrónico, "post", "tuit", etcétera en relación con algún partido durante la pasada campaña?

Sí	23,3
No	76,5
No sabe	0,1
Total	100,0

11. ¿Y ha recibido de otra persona algún mensaje de móvil (SMS), WhatsApp, correo electrónico, "post", "tuit", etc. en relación con algún partido durante la pasada campaña?

Sí	48,9
No	50,6
No sabe	0,4
Total	100,0

12. Y, para terminar con este tema, ¿recuerda haber discutido en un marco de confrontación en algún grupo de WhatsApp con familiares, amigos o compañeros de trabajo con motivo de las elecciones?

Sí	12,7
No	87,2
No sabe	0,1
Total	100,0

13-17. En conjunto, ¿cómo calificaría Usted la campaña electoral que han desarrollado cada uno de los partidos que le voy a nombrar? Use para ello una escala del 0 al 10, en la que 0 significa que la campaña de ese partido le produjo "antipatía y rechazo", y el 10 que le produjo "simpatía y adhesión". Partido Popular, Partido Socialista, Ciudadanos, Unidas Podemos y Vox. Rotar.

	PP	PSOE	CS	UP	Vox
De 0 a 3	18,4	32,8	45	56,3	37
De 4 a 6	27,6	34,6	28,4	19,8	23,8
De 7 a 10	40,1	18,7	6,9	6,8	24,3
No sabe	11,4	11,7	16,6	14,5	12,7
No contesta	2,5	2,3	3,1	2,7	2,3
Total	100,0	100,0	100,0	100,0	100,0

18.-23. A continuación, quisiera saber qué opina Usted sobre algunos grupos de personas. Voy a leerle el nombre de esos grupos y le pediría que exprese su opinión sobre ellos usando una escala del 0 al 10, en la que 0 significa que tiene sentimientos de "antipatía y rechazo" sobre ese grupo, y el 10 que tiene sentimientos de "simpatía y adhesión". ¿Cuáles son sus sentimientos respecto a los siguientes grupos de personas le voy a nombrar?

	Sentimientos ante las personas que votan por...			
	PP	PSOE	UP	Vox
De 0 a 3	12,7	20	45,6	32,6
De 4 a 6	36,6	41,9	30	30,4
De 7 a 10	41,8	29,1	14,6	27,3
No sabe	5,6	5,6	5,8	5,9
No contesta	3,4	3,4	4,1	3,8
Total	100,0	100,0	100,0	100,0

	Sentimientos ante las personas...	
	Izquierdistas	Derechistas
De 0 a 3	21,4	13,5
De 4 a 6	42,5	38,1
De 7 a 10	26,7	39,1
No sabe	5,6	5,6
No contesta	3,8	3,7
Total	100,0	100,0

24-28. Le voy a citar a continuación los nombres de los principales candidatos que se han presentado a las elecciones regionales, y me gustaría que me dijera si sus discursos durante la campaña le han hecho sentir alguna de las siguientes emociones: Orgullo, Miedo, Entusiasmo, Enfado o Tranquilidad. Si no ha experimentado ninguna emoción o no conoce al candidato, conteste "no".

	Fernando López Miras	María Marín	José Ángel Antelo	Pepe Vélez	María José Ros Olivo
Orgullo	6,5	2,4	3	2,4	0,4
Miedo	3,1	5,6	9,4	4,8	2,8
Entusiasmo	7,2	2,3	4,8	3,8	2,7
Enfado	13,6	10,3	8	16,6	4,2
Tranquilidad	33,1	8,2	14,8	16,6	13,8
Ninguna emoción / No conoce al candidato	26,9	61,9	51,2	45,3	66,7
No sabe	9	8,9	8,7	9,8	9
No contesta	0,7	0,6	0,1	0,7	0,4
Total	100,0	100,0	100,0	100,0	100,0

29. Para terminar con este tema, me gustaría saber si a lo largo de la campaña electoral, ¿tuvo Usted conocimiento de los resultados de alguna de las encuestas y sondeos preelectorales que hizo público el CEMOP de la Universidad de Murcia?

Sí	19,3
No	79,0
No sabe	1,7
Total	100,0

29a. (Sólo a los que digan "sí" en P29). ¿Y en qué medida le ayudaron o los tuvo en cuenta a la hora de decidir qué iba a hacer?

Le animaron a votar	5,8
Le ayudaron a decidir el partido por el que votar	0,7
Reforzaron su decisión de votar por el partido que pensaba	20,4
Le animaron a votar por un partido distinto al que tenía pensado	0,7
No le influyeron en absoluto a la hora de votar	72,3
Total	100,0

* N válido: 137.

30. En las elecciones autonómicas, a la Asamblea Regional, del pasado 28 de mayo.

Usted fue a votar y votó	86,1
Prefirió no ir a votar	7,5
No pudo ir a votar	6,5
Total	100,0

30a. (Sólo a los que digan "Prefirió no ir a votar" y "No pudo ir a votar" en P30). Aunque Usted finalmente no votó, ahora que sabe el resultado, en caso de haber votado en estas elecciones, ¿por qué partido lo habría hecho?

Partido Popular	23,2
Partido Socialista	25,3
Ciudadanos	1,0
Unidas Podemos	4,0
Vox	12,1
Otros	1,0
En blanco	5,1
Movimiento Ciudadano	1,0
No sabe	18,2
No contesta	9,1
Total	100,0

* N válido: 99.

31. (Solo para los que digan "Usted fue a votar y votó" en la P30). ¿Cuándo decidió Ud. votar al partido al que finalmente votó?

Lo tenía decidido desde hace bastante tiempo (antes del inicio de la campaña electoral)	71,9
Lo decidió al comienzo de la campaña electoral	5,2
Lo decidió durante la última semana de la campaña electoral	7,7
Unos días antes de las elecciones	7,8
Lo decidió el mismo día de las elecciones	7,2
No sabe	0,2
Total	100,0

* N válido: 612.

32. ¿Podría decirme el nombre del partido por el cual votó Usted en las elecciones autonómicas del 28 de mayo?

Partido Popular	36,9
Partido Socialista	20,8
Ciudadanos	3,1
Unidas Podemos	4,9
Vox	14,7
Otros	2,6
En blanco	1,6
Movimiento Ciudadano	3,3
No sabe	0,5
No contesta	11,6
Total	100,0

* N válido: 612.

32a. (Sólo a los que dicen partido en P32). ¿Diría Ud. que votó por ese partido:

Con entusiasmo	34,0
Con satisfacción	27,6
Con ciertas dudas	13,0
Porque se trataba del mal menor	7,9
Para evitar que ganase otro partido	15,5
No sabe	0,8
No contesta	1,1
Total	100,0

* N válido: 529.

33. Si hubiera sabido que los resultados de estas elecciones iban a ser los que han sido, ¿Usted hubiera votado por el mismo partido que lo hizo, se habría abstenido o habría votado en blanco, o hubiera votado por un partido distinto al que votó?

Hubiera votado por el mismo partido que lo hizo	90,8
Se habría abstenido (no habría ido a votar)	1,1
Habría votado en blanco	2,8
Hubiera votado por un partido distinto al que votó	3,6
No sabe	1,3
No contesta	0,3
Total	100,0

* N válido: 612.

33a. (Sólo a los que dicen "Hubiera votado por un partido distinto al que votó en P33). ¿Por qué partido habría votado en estos casos?

Partido Popular	31,8
Partido Socialista	31,8
Unidas Podemos	4,5
Vox	31,8
Total	100,0

* N válido: 22.

Equipo de investigación

Kaoutar Bakdid Albane es graduada en Trabajo Social por la Universidad de Murcia (2021) y Máster en Trabajo Social Comunitario, Gestión y Evaluación de Servicios Sociales por la Universidad Complutense de Madrid (2022). Actualmente es doctoranda en el Programa de Doctorado "Sociedad, Desarrollo y Relaciones Laborales" con un contrato predoctoral de Formación de Profesorado Universitario (FPU) en la Universidad de Murcia. Obtuvo el Premio Extraordinario de Fin de Grado 2021 y el Premio del Consejo Social a la Excelencia Académica, curso 2020-2021 en la rama de las Ciencias Sociales y Jurídicas. Las líneas de investigación en las que trabaja son: análisis de las migraciones, sociología política, estudios de género, racismo e interseccionalidad..

Esther Clavero Mira es Doctora en Sociedad, Desarrollo y Relaciones Laborales por la Universidad de Murcia y licenciada en Sociología por la Universidad de Alicante. Especialista Universitaria como Agente de Igualdad de Oportunidades por la Universidad de Murcia y Master en Historia Social Comparada. Relaciones familiares, políticas y de género en Europa y América Latina. Profesora Asociada del Departamento de Sociología de la Universidad de Murcia y Profesora contratada en los Centros Universitarios de Cartagena ISEN, Escuela de Turismo y Relaciones Internacionales de Murcia y profesora/tutora de la UNED. Investigadora del CEMOP y del equipo de investigación de la Cátedra Abierta de Innovación y Participación de la Universidad de Murcia, así como miembro del Grupo de Transferencia de Conocimiento "Estudios Sociológicos" de la Universidad de Murcia. Las líneas de investigación en las que se enmarcan sus trabajos son: buen gobierno y participación ciudadana, sociología política, exclusión social y género.

Ismael Crespo Martínez es Doctor en Ciencias Políticas y Sociología por la Universidad Complutense de Madrid. Catedrático de Ciencia Política y Administración Pública en la Universidad de Murcia y director del *Departamento de Ciencia Política, Antropología Social y Hacienda Pública* en esa misma Universidad. Director de *Más Poder Local*, revista digital sobre comunicación política y comportamiento electoral con foco en España y América Latina. Entre 2012 y 2018, presidente de **ALICE**, Asociación Latinoamericana de Investigadores en Campañas Electorales. En la actualidad, es Investigador Principal de dos Grupos de Investigación, uno de ellos de carácter especial, y de un Grupo de Transferencia del Conocimiento.

Juan José García Escribano es Profesor Titular de Sociología de la Universidad de Murcia. Doctor en Sociología por la Universidad de Murcia y Licenciado en Ciencias Políticas y Sociología por la Universidad Complutense de Madrid. Investigador Principal del Grupo Especial de Investigación CEMOP de la Universidad de Murcia. Coordinador del Programa de Doctorado "Sociedad, Desarrollo y Relaciones Laborales" de la EIDUM. Coordinador del Grupo de Transferencia de Conocimiento "Estudios Sociológicos" de la Universidad de Murcia. Principales líneas de investigación: sociología política y electoral, opinión pública y sociología del género.

Mª Belén García Palma es Doctora en Sociedad, Desarrollo y Relaciones Laborales por la Universidad de Murcia y Lda. CC. Políticas y Sociología por la Universidad de Granada. Experiencia profesional tanto en el sector privado como en el sector público. Profesora Asociada del Dpto. de Sociología de la Universidad de Murcia. Principales líneas de investigación: políticas activas de empleo, marco sociolaboral y bienestar social, inserción profesional, empleabilidad y emprendimiento.

Salvador Manzanera Román es Licenciado en Sociología por la Universitat de Barcelona (2000) y Doctor por la Universidad de Murcia (2016). Profesor Contratado Doctor en el Departamento de Sociología de la Universidad de Murcia y autor de artículos y capítulos de libros sobre emprendimiento, trabajo y precariedad laboral; desigualdad y exclusión social; y procesos de digitalización, siendo sus líneas de investigación preferentes.

Claudia Mayordomo Zapata es investigadora predoctoral FPU en el departamento de Ciencia Política y de la Administración de la Universidad de Murcia. Máster en Análisis Político Aplicado por la Universidad de Murcia. Especialista en análisis de datos en ciencias sociales por el Centro de Investigaciones Sociológicas. Becaria predoctoral Fulbright-Séneca en la Universidad Estatal de Oregón (Estados Unidos).

Inmaculada Melero López es Doctora en Ciencia Política y Administración Pública por la Universidad de Murcia con Premio Extraordinario de Doctorado. Máster en Gobierno, Administración y Políticas Públicas por la Universidad de Murcia. Actualmente es Profesora Asociada en el Departamento de Ciencia Política. Secretaría ejecutiva de la Asociación Latinoamericana de Investigadores en Campañas Electorales (ALICE), investigadora del Centro de Estudios Murcianos de Opinión Pública (CEMOP) y coordinadora de Más Poder Local.

Ana Millán Jiménez es Doctora en Filosofía desde 1990 y Profesora Titular de Sociología por la Universidad de Murcia desde 1996. Investigadora visitante en las Universidades de Glasgow, Chicago y California (Berkeley). Actualmente, es Coordinadora de Atención a la Diversidad y Voluntariado de la Universidad de Murcia. Sus principales líneas de investigación son sociología de la comunicación y sociología de la diversidad.

Alberto Mora Rodríguez es profesor contratado doctor en la Universidad de Murcia. Es Editor de la Revista Más Poder Local y Director Técnico del Grupo de Investigación CEMOP. Fue asesor en la Delegación del Gobierno de España en la Región de Murcia y en el Gabinete del Presidente del Gobierno de España.

Ángel J. Olaz Capitán es Profesor Titular de la Universidad de Murcia. Licenciado en CC. Económicas y Empresariales por la Universidad Autónoma de Madrid y Doctor en Sociología por la Universidad de Murcia. Desarrolla su actividad docente e investigadora en el Departamento de Sociología de la Universidad de Murcia. Principales líneas de investigación: sociología del trabajo y de las organizaciones y técnicas de investigación cualitativas.

Pilar Ortiz García es Profesora Titular de la Universidad de Murcia. Licenciada en Ciencias Políticas y Sociología (Sección: Sociología) por la Universidad Complutense de Madrid. Doctora en Ciencias Económicas por la Universidad de Murcia. Ha dirigido distintas investigaciones sobre emprendimiento y género o discapacidad. Líneas de investigación preferentes: sociología del trabajo y de las organizaciones y sociología política.

María Isabel López Palazón es contratada predoctoral FPU del Ministerio de Universidades (FPU22/01891). Es Graduada en Ciencias Políticas, Gobierno y Administración Pública con Premio Fin de Grado y Máster en Análisis Político Aplicado. Colaboradora del Centro de Estudios Murciano de Opinión Pública (CEMOP) y de la Cátedra y Observatorio de Políticas Públicas de la Universidad de Murcia.

María Quiles Bailén es Doctora en Ciencias Políticas por la Universidad Miguel Hernández. Profesora Asociada en el Departamento de Ciencia Política de la Universidad de Murcia. Miembro del equipo de investigación CEMOP (Centro de Estudios Murciano de Opinión Pública).

José Miguel Rojo Martínez es investigador predoctoral en la Universidad de Murcia. Cuenta con un Contrato FPU del Ministerio de Universidades (FPU20/01033). Es Graduado en Ciencia Política y Gestión Pública (Premio Fin de Grado) y Graduado en Sociología, así como Máster en Análisis Político Aplicado. Ha sido becario de posgrado en el CIS (2021) e investigador visitante (VSR) en la Universidad de Stanford (2023). Actualmente, Coordinador de Transferencia de la Cátedra de Políticas Públicas de la Universidad de Murcia.

María Isabel Sánchez-Mora Molina es Doctora en Sociología por la Universidad de Murcia. Profesora Titular del Departamento de Sociología de la Universidad de Murcia. Decana de la Facultad de Turismo de la Universidad de Murcia. Ha sido Vicerrectora de Estudiantes y Empleo de la Universidad de Murcia y Consejera de Educación y Universidades de la Comunidad Autónoma de la Región de Murcia. Líneas de investigación: sociología política, exclusión social, sociología del trabajo y emprendimiento.

Alejandro Soler Contreras es contratado predoctoral FPU en la Universidad de Murcia e investigador de la Cátedra y Observatorio de Políticas Públicas y del Centro de Estudios Murciano de Opinión Pública. Ha sido becario del Centro de Investigaciones Sociológicas.